DUBAI
Abu Dhabi · Fujairah · Ajman

von Renate Ammann

Renate Ammann bereist seit Jahrzehnten regelmäßig die Länder der Arabischen Halbinsel. Als Ethnologin und Soziologin verfolgt sie dort die gesellschaftlichen Veränderungen vor allem unter dem Aspekt der regionalen touristischen Entwicklung. Dubai nimmt hierbei eine Vorreiterrolle ein. Deshalb kennt sie das Emirat besonders gut und möchte den Besuchern dieser »Sunshine and Shopping Destination« den Blick für Kultur, Geschichte und Tradition der Dubai'in erweitern.

W0059965

www.vistapoint.de

Inhalt

Top 10 & Mein Dubai

Stadttouren   mit Detailkarten

Streifzüge

Vista Points – Sehenswertes

Erleben & Genießen

Chronik

Service von A bis Z

Zeichenerklärung

Top 10
Das sollte man gesehen haben

Mein Dubai
Lieblingsplätze der Autorin

Vista Point
Museen, Galerien, Architektur und andere Sehenswürdigkeiten

Kartensymbol: Verweist auf das entsprechende Planquadrat der ausfaltbaren Karte bzw. der Detailpläne im Buch.

Willkommen in Dubai

Das Erdöl wirkte wie Aladins Wunderlampe: Den Sprung vom kleinen Wüstenscheichtum zum hochindustrialisierten Öl-Emirat vollzog Dubai in nur drei Jahrzehnten. Architekt dieser Entwicklung war der Vater der heute Regierenden, Sheikh Rashid Bin Saeed Al Maktoum, der 1990 starb. Seine vier Söhne Maktoum, Hamdan, Ahmed und Mohammed setzen seine kluge und weltoffene Politik fort und verstärken die Diversifizierung der Wirtschaft, um den Wohlstand über die Zeit nach dem Ölboom zu retten. Handel, Dienstleistungen, Tourismus und Arbeitskräfte aus der Dritten Welt sind die neuen Garanten des wirtschaftlichen Erfolgs. Auf den Tourismus bezogen heißt das: viele fantastische Hotels in hochpreisigen Kategorien, eine sehr erfolgreiche eigene Fluggesellschaft, gigantische Shopping-Malls, bedeutende Sportveranstaltungen, ein neuer Kreuzfahrtterminal und jedes Jahr neue Auszeichnungen für außerordentliche Qualität als Urlaubsziel. Zudem ist das Emirat mit 350 Tagen Sonne im Jahr eine nur fünf Flugstunden entfernte Sunshine Destination.

Dromedare vor der Skyline von Dubai

Dubais Stadtplaner unternehmen große Anstrengungen, um Monumente der Moderne mit klassischen Attributen arabischer Kultur zu verschmelzen. Alte Windtürme dekorieren vollklimatisierte Hotels wie das Madinat Jumeirah, modernste Architektur spielt mit traditionellen Formen wie den Segeln alter arabischer Dhaus, beispielsweise am Clubhaus des Dubai Creek Golfclubs oder am Hotel Burj Al Arab. Auch die drei neuen künstlichen Inseln entlang der Golfküste, von denen die erste, The Palm Jumeirah, seit 2009 fertiggestellt ist, besitzen nicht zufällig die Form von Palmen. Und die neueste Architektur-Ikone, der 2010 eröffnete, 828 Meter hohe Burj Khalifa, das höchste Bauwerk der Welt, hat die Grundfläche einer Wüstenblume.

Dubai ist für eine Begegnung mit der arabischen Kultur ebenso attraktiv wie für erschöpfte Workaholics, die sich in luxuriösen Strandhotels verwöhnen lassen, für Schnäppchenjäger, die ihre gehobenen Einkommen in Goldschmuck, Markenprodukte und elektronische Neuheiten umsetzen, und für Golfer, die gepflegte Greens und eine hervorragende Gastronomie antreffen. Flächenmäßig nur so groß wie das Saarland ist Dubai eine Destination der Superlative.

Top 10: Das sollte man gesehen haben

1 Al Khor/Dubai Creek
S. 8, 34 → aA2–aD5
Ein schmaler Meeresarm war die historische Lebensader Dubais und für viele alte Dhaus ist sie es bis heute geblieben.

2 Dubai Museum im Al Fahidi Fort
S. 10, 33 → aD2
In der ältesten Festung der Stadt befindet sich heute das eindrucksvollste Museum des Emirats. Ein Besuch verschafft einen guten Überblick über die Geschichte Dubais.

3 Sheikh Saeed Al Maktoum House
S. 11, 34 → aB1
Die atemraubende Entwicklung im Emirat wird in dem rekonstruierten (Lehm-) Palast deutlich, den die Herrscherfamilie bis in die 1960er Jahre bewohnte.

4 Gold-Souq
S. 13, 40 → aB2/3
Nirgendwo sonst auf der Welt gibt es ein derart großes Angebot an Goldschmuck wie in den engen Gassen des Gold-Souq.

5 Burj Khalifa
S. 17, 36 ff. → D9
Dubai besitzt mit dem 828 Meter hohen Burj Khalifa das höchste Gebäude der Welt. Von seinen Plattformen in 400 und 550 Metern Höhe sieht man über ganz Dubai.

6 Dubai Mall
S. 17, 38 → D9
Unter den vielen Shopping-Malls ist die 2010 eröffnete Dubai Mall nicht nur die größte, sondern auch die interessanteste.

7 Jumeirah Moschee
S. 19, 41 f. → D9
Sie ist wunderschön und gehört zu den wenigen islamischen Gotteshäusern, die man in den Vereinigten Arabischen Emiraten auch als Nicht-Moslem betreten darf.

8 Burj Al Arab
S. 20, 35 f. → D6
Dieses edle Hotelgebäude als Hochhausturm in Form eines Segels mitten im Meer hat Dubai weltweit bekannt gemacht.

9 Madinat Jumeirah
S. 21, 42 → D6

Eine kleine Stadt am Strand, bestehend aus einer großen Hotelanlage mit Wasserstraßen, vielen Restaurants unter freiem Himmel und einem sehr schönen Basar.

 Kamelmarkt – Ausflug nach Al Ain (Abu Dhabi)
S. 26, 27 ff. ➡ cC5
Kamele zum Anfassen – in der Oase Al Ain gibt es den einzigen großen Kamelmarkt der Arabischen Halbinsel.

Mein Dubai
Lieblingsplätze der Autorin

Liebe Leser,

dies sind einige besondere Orte in Dubai, die ich bei jedem Aufenthalt immer wieder gern aufsuche. Eine schöne Zeit in Dubai wünscht Ihnen

Renate Ammann

 Ras Al Khor Wildlife Sanctuary
S. 34 ➡ E9
In den flachen, salzhaltigen Uferzonen des Creek haben Hunderte von Kuba-Flamingos (*Phoenicopterus ruber*) eine neue Heimat gefunden.

 One & Only The Spa
S. 71 ➡ C5
Auf der Palm Jumeirah hat 2010 ein Hotel eröffnet, in dem man sich sofort wohlfühlt, und dessen Wellness-Oase einen Dubai-Aufenthalt unvergesslich macht.

 Ewaan Lounge
S. 52 ➡ D8/9
Integriert in den palmengesäumten Schwimmbadbereich des Hotels The Palace Downtown Dubai kann man hier nicht nur den Sonnenuntergang genießen, sondern sitzt auch in der ersten Reihe bei den abendlichen Wasserspielen zu Füßen des Burj Khalifa.

 Nineteen im The Address Montgomerie Dubai Golf Club
S. 54, 70 ➡ D5
Mitten im Grünen in einem der schönsten Golfclubs von Dubai speist man vorzüglich mit Blick auf die Skyline der Sheikh Zayed Road. Tagsüber begleiten die Golfspieler, abends die entfernt liegenden, kunstvoll erleuchteten Hochhäuser die Menüfolge.

 Lost Chamber
S. 66 ➡ B5
Der spannende Versuch einer eindrucksvollen Rekonstruktion der im Meer versunkenen Stadt Atlantis. Wo? Im Hotel Atlantis, auf der Palm Jumeirah.

Al Khor – der geschichtsmächtige Meeresarm

Alltag am Ufer des Dubai Creek

Ganz gleich, wo man in Dubai wohnt, ob in der Innenstadt oder am Jumeirah Beach, mit einer Bootsfahrt entlang dem ❶ **Dubai Creek Al Khor** ➜ C–E10 sollte man beginnen. Vom Wasser aus kann man verfolgen, wie die Stadt gewachsen ist. Eine Überfahrt auf einer Abra kostet einen Dirham (€ 0,20) und man begegnet dabei 200 Jahren Geschichte – von der Shindagha-Spitze bis hinunter zum Dubai Creek Golf & Yacht Club. Und in der untergehenden Sonne erscheint einem die Skyline der gläsernen Hochhäuser entlang dem Deira-Ufer wie die in den Himmel gezeichnete Erfolgskurve des Emirats.

Die Lebensader des alten Dubai war Al Khor, die schmale, flussähnliche Meereseinbuchtung, die über zehn Kilometer von der Küste hinein ins flache Hinterland reicht. Heute hat sich, außer bei den alteingesessenen Dubai'in, die englische Bezeichnung Creek für diesen ruhigen Meeresarm durchgesetzt. Der Stadtteil **Deira** ➜ cB3/4 und der jenseits des Creek gelegene Stadtteil **Bur Dubai** ➜ aC/aD1/2 bildeten vor der Entdeckung des Erdöls die Stadt **Dubai**. Inzwischen hat sie sich als zukunftsorientierte Großstadt mit perfekter Infrastruktur 20 Kilometer weit gen Westen ausgedehnt.

Der Creek teilt die Stadt und verbindet sie zugleich. Entlang seinen Ufern findet man sowohl moderne, marmor- und glasverkleidete Bürohochhäuser als auch unzählige der traditionellen, dickbäuchigen arabischen Handelsschiffe, die Dhaus genannt werden. Obwohl über den Creek mittlerweile Brücken führen, überqueren ihn viele wie früher in einer schmalen, hölzernen *Abra*, einem Wassertaxi.

An den vier Abra-Anlegestellen in Deira oder in Bur Dubai kann man für 100 Dirham pro Stunde auch eine Abra mieten und damit den Creek hinauf und hinunter fahren. Man gleitet entlang der Bur-Dubai-Seite am alten Bastakiya, an arabischen Palästen und am Creekside Park vorbei, man passiert die gläsernen Hochhäuser und die ankernden arabischen Frachtkähne am Deira-Ufer. Im Süden wird die Reise seit 2008 durch die sogenannte **Floating Bridge** ➜ D10, eine Pontonbrücke zur Verkehrsentlastung, stundenweise unterbrochen. Wer will, kann die Fahrt auf dem Creek auch in einem klimatisierten »Waterbus« unternehmen.

Entscheidet man sich für die Creek-Fahrt am Nachmittag, spiegelt sich auf dem Rückweg die hinter Bur Dubai untergehende Sonne in den gläsernen Fassaden der Hochhäuser am Deira-Ufer. Auch abends kann man den Creek auf und ab fahren, dann aber auf einer großen, zum schwimmenden Restaurant umgebauten Dhau bei einem üppigen Candlelight-Dinner.

Bur Dubai – von Bastakiya zum Heritage Village

Die Geschichte des Emirats Dubai begann vor rund 200 Jahren im Stadt-teil **Bur Dubai** ➡ aC/aD1/2 an der südwestlichen Landspitze des Creek, die heute den Namen Shindagha trägt. Um 1830 siedelten hier ca. 800 Beduinen vom Stamm der Bani Yas. Aber erst 100 Jahre später, als sich persische Händler mit ausdrücklicher Zustimmung der Al Maktoums 1902 in Bur Dubai niederließen, vollzog sich der Aufschwung zu einem Handelszentrum am Golf. Die persischen Händlerfamilien gaben ihrer neuen Siedlung den Namen jenes Landstrichs, aus dem sie ausgewan-dert waren: **Bastakiya** ➡ aC/aD2/3. Sie bauten Häuser aus Lehm und Ko-rallenstein, die sich von den Barasti-Hütten der beduinischen Dubai'in deutlich unterschieden, denn sie waren mit **Windtürmen** ausgestattet, die auf natürliche Weise die Zimmer mit frischer Luft versorgten. Die neuen Windtürme in Bastakiya machten auf die eingesessenen Dubai'in einen so großen Eindruck, dass einige von ihnen ihre Barasti-Hütten ebenfalls mit solchen Türmen versahen.

Im Zuge der Bautätigkeiten während des Erdölbooms zerfiel Basta-kiya in den 1970er Jahren, aber der Stadtteil wurde dank eines großen Restaurierungsprogramms seit 2001 wieder aufgebaut. Heute ist auch der Autoverkehr aus diesem Stadtteil verbannt. Während des Rund-gangs durch die schmalen Gässchen von Bastakiya, der am besten am **Sheikh Mohammed Centre** beginnt, sollte man durchaus Pausen für einen Tee einlegen, z. B. im Majlis oder der XVA Gallery.

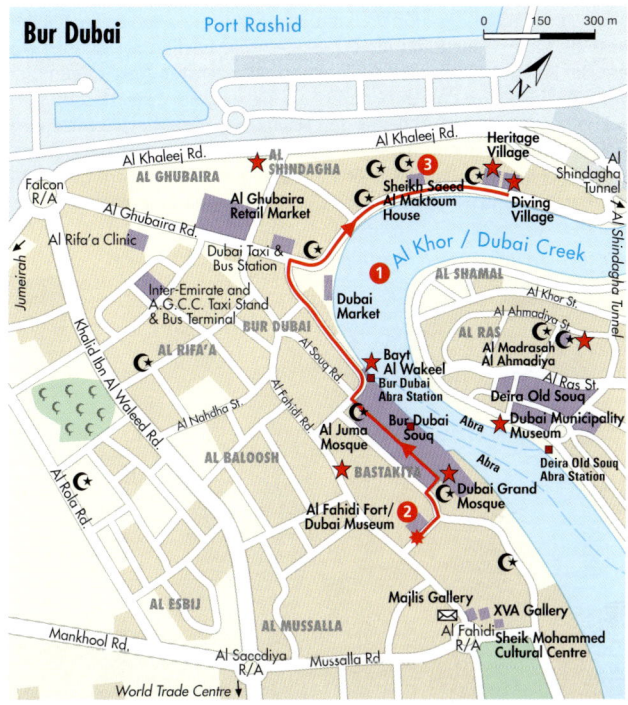

Das historische Zentrum von Bur Dubai ist das **Al Fahidi Fort** ➡ aD2. 1800 erbaut ist diese Festung das älteste Bauwerk der Stadt, das seine heutige Form 1878 erhielt. Die quadratische Festung mit einem großen Innenhof innerhalb der dicken Lehmmauern und zwei runden Türmen beherbergt das ❷ **Dubai Museum**. An den Mauern im Innenhof sieht man deutlich die Baumaterialien: Lehm, Korallenblöcke und Muschelschalen, Kalkbrei zum Tünchen und Palmenstämme als Stützen. Am Tag der Staatsgründung der Vereinigten Arabischen Eirate (V. A. E.) im Jahr 1971 begannen die Restaurierungsarbeiten an der stark verfallenen Al-Fahidi-Festung; seit 1987 ist sie der Öffentlichkeit zugänglich.

1995 wurde nach aufwändigen Bauarbeiten das unter der Erde gelegene, mehrfach preisgekrönte Museum eröffnet, das ideal auf den Spaziergang durch Bur Dubai einstimmt. In unterschiedlichen Abteilungen zeigt es das Leben im Emirat, wie es vor nur drei Generationen ausgesehen haben muss: Den Alltag der Familien in den Barasti-Hütten, den Handel im Souq, die beduinischen Traditionen und Überlebensstrategien in der Wüste sowie die gefährliche Arbeit der Perlentaucher im Golf. Zu den gläsernen Fassaden entlang der Sheikh Zayed Road könnte der Kontrast nicht größer sein.

Vom Museum aus führt der Weg weiter zum Creek, vorbei an der **Großen Moschee** (kein Zugang für Nichtmuslime) und durch die Ladengassen des **Bur Dubai Souq** ➡ aC2 mit seinen hölzernen Eingangsportalen. Auch diese beiden neuen Zentren des Stadtteils wurden an denselben Plätzen wieder errichtet, an denen ihre Vorgänger seit gut 100 Jahren – allerdings in sehr viel bescheidenerer Weise – das Leben im Stadtteil bestimmten.

Den **Creek** kann man nicht verfehlen, denn viele kleine Gassen und Gässchen führen zu seinen Ufern. Dort steht z. B. das **Bayt Al Wakeel** ➡ aC2, ein Regierungs- und Verwaltungsgebäude aus den Zeiten Sheikh Rashids. In der Nähe befinden sich beide Anlegestellen der Wassertaxis auf der Bur-Dubai-Seite. Bis zur Ankunft der nächsten Abra halten hier vor allem indische und pakistanische Expatriats ein Schwätzchen und genießen Betel kauend unter den schattenspendenden Zeltdächern und Palmen den Blick auf die glitzernde Hochhaussilhouette von Deira.

Von der Bur Dubai Abra-Station führt eine gepflasterte Uferpromenade mit herrlichem Blick auf den Creek und das gegenüberliegende Deira,

Anleger am Dubai Creek (Bur Dubai)

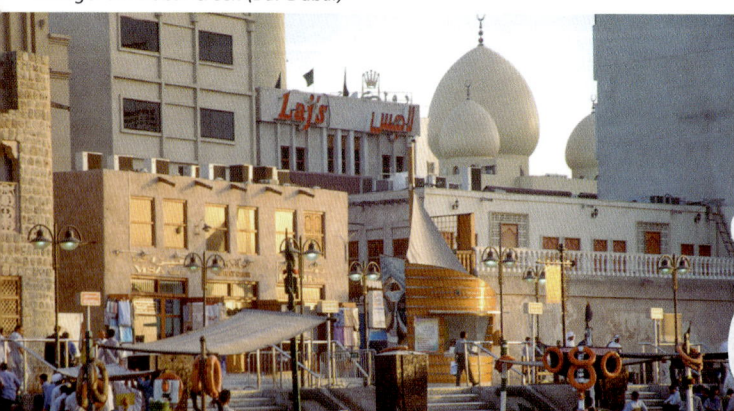

Die Dhau im Dubai Museum erinnert an die alte Seefahrertradition

vorbei an drei sehenswerten Rekonstruktionen, bis zur Landspitze von Shindagha. Als das bedeutendste steht hier das ❸ **Sheikh Saeed Al Maktoum House** ➜ aB1. Es wurde gegen Ende des 19. Jahrhunderts als neuer Wohnsitz der Herrscherfamilie am Zugang zur Landzunge von Shindagha erbaut. In diesem Haus erblickten zwei spätere Staatsoberhäupter das Licht der Welt: Sheikh Saeed, der von 1912 bis 1958 regierte, und sein Sohn Sheikh Rashid, der die politischen Geschicke 1958 bis 1990 lenkte.

Gemessen an den Wohnverhältnissen im damaligen Dubai war diese zweistöckige Anlage aus Korallensteinen und Lehm geradezu ein Palast, der Sheikh Saeed als Wohn- und Regierungssitz diente. Seit 1960 regierte sein Sohn Rashid in einer neuen Residenz außerhalb Bur Dubais, so dass das Haus verfiel, bis man es 1996 nach zehnjähriger Renovierungsarbeit als Museum der Öffentlichkeit zugänglich machte.

Die Anlage beeindruckt von außen durch ihre Geschlossenheit und die sie überragenden Windtürme. Im Inneren werden die etwa 30 ehemaligen Zimmer als Ausstellungsräume genutzt, in denen man wesentliche Abschnitte der Geschichte des Emirats nacherleben kann.

Neben dem Sheikh Saeed Al Maktoum House wurden zwei weitere Häuser aus der Gründungszeit des Emirats restauriert: das Sheikh Juma Al Maktoum House und das Sheikh Obaid Bin Thani House. Beide sind für Besucher geöffnet, dort kann man sich über Islam-Fragen informieren.

Hinter dem Sheikh Saeed Al Maktoum House in Richtung Creek-Mündung liegen heute zwei große Freilichtmuseen, das Heritage und das Diving Village. Sie sind besonders in den Wintermonaten Attraktionen, weil sie Besuchern Einblicke in den historischen Alltag mit all seinen damaligen Erschwernissen ermöglichen.

Das **Heritage Village** ➜ aB1/2 zeigt typische Lebenssituationen der Landbevölkerung in der Vor-Ölzeit in originalgetreuer Umgebung und mit authentischen Haushaltsgegenständen und Werkzeugen. Man sieht, wie getöpfert, gewebt und gekocht oder wie früher mit Hilfe eines Ochsen aus einem Brunnen Wasser geschöpft wurde, man kann die Abrichtung von Falken beobachten und bekommt in einer Barasti-Hütte Einblicke in die medizinische Heilbehandlung nach damaligem Wissensstand.

Mehrmals in der Woche wird auf dem zentralen Dorfplatz, begleitet von Musik auf traditionellen Instrumenten, das breite Spektrum des kulturellen Brauchtums vorgeführt – von Volkstänzen der Männer

Der Gold-Souq von Dubai bietet eine riesige Ansammlung von Schmuckgeschäften

öffnet. Sie war bis zu ihrer Schließung Mitte der 1960er Jahre nur männlichen Schülern vorbehalten und ist nach gründlicher Renovierung seit 1999 ein Museum. Einstmals blickte die Herrscherfamilie von ihrem Palast auf der Shindagha-Landspitze über einen breiten Uferstreifen direkt auf diese Schule, die auch ihre Kinder besuchten. Inzwischen erreicht man den Creek nur entlang der engen, viel befahrenen Al Ras Street.

Im Stadtteil Al Ras wurde direkt neben dem Schulgebäude auch das Haus des reichen Perlenhändlers Ahmad Bin Dalmouk restauriert. Das Ende des 19. Jahrhunderts erbaute Haus beherbergt heute als **Heritage House** ➧ aB2 ein Museum, das sich dem alltäglichen Leben der damaligen Zeit widmet.

Auf der Deira-Seite des Creek verläuft die **Baniyas Road** von der Spitze (arabisch: *Al Ras*) der Landzunge hinunter bis zur Al-Maktoum-Brücke parallel zum Creek. Diese Uferstraße verbindet beispielhaft Tradition und Moderne, denn eindrucksvoller lassen sich die Gegensätze Dubais visuell kaum erfassen. Am Creek ankern die alten hölzernen Dhaus in Dreierreihen und werden immer noch von Hand be- und entladen, auf der anderen Straßenseite erheben sich futuristische Hochhäuser wie die **Twin Towers** ➧ aC5 oder der **Etisalat Tower** ➧ D10 mit modernen Glasaufzügen. Besonders eindrucksvoll ist der gegenüberliegende Hochhausturm der **Nationalbank**, dessen konvex gebogene Glasfassade auf fast jeder Dubai-Postkarte abgebildet ist, weil sich am späten Nachmittag die hinter Bur Dubai untergehende Sonne so imponierend darin spiegelt.

Bereits vor 30 Jahren haben an der Baniyas Road zwei internationale Hotels eröffnet: ein Intercontinental (heute Radisson Blu) und ein Sheraton, ihre Restaurants und Coffeeshops zählen noch heute zu den beliebtesten Treffs nach einem Bummel durch Deira oder entlang dem Creek.

Direkt neben dem Radisson Blu steht das neue Rathaus der Stadt, das **Municipality Building** ➧ aC/aD5. Es fällt unter den zahlreichen Hochhäusern wegen einer riesigen Marmorkugel im Vorhof auf. Das benachbarte gläserne Verwaltungsgebäude der nationalen Telefongesellschaft **Etisalat** (Emirates Telecommunications Corporation), von Einheimischen wegen seiner Form als Handy bezeichnet, wird von einer Kugel gekrönt, die nicht nur Zierrat ist, sondern eine Antennenanlage beherbergt, die nachts wie der Sternenhimmel funkelt.

In Deira heben sich die beiden einzigen noch erhaltenen alten Türme, die gegen Ende des 19. Jahrhunderts gebaut wurden, von den neuen Türmen aus Stahl, Glas und Marmor klar ab. Damals befestigte der regierende Sheikh Hashar Bin Maktoum den Stadtteil Deira gegen

Angreifer aus dem östlich gelegenen Sharjah mit Wehrtürmen von bis zu zehn Metern Höhe. Ihre Besatzungen hatten die Aufgabe, die feindlichen Bewegungen zu beobachten und sie per Feuersignal von der Spitze des abgeflachten Rundturms nach Bur Dubai ins Al Fahidi Fort zu melden.

Einer dieser Türme, der **Burj Nahar**, steht heute noch in einer Grünanlage an der Umer Ibn Al Khatib Road. Der zweite, der **Burj Naif**, ist nur schwer auszumachen, denn er ist mittlerweile integrativer Bestandteil des Polizeigebäudes **Naif Police Station** ➜ aA4 in der Naif Road. Beide Türme kann man nur von außen besichtigen. In der Naif Police Station befindet sich heute auch ein eindrucksvolles Museum zur Geschichte der Polizei.

Moderne Architektur beiderseits des Creek

Die Route ist in der Faltkarte Dubai grün eingezeichnet.

Die beiden alten Zentren Bur Dubai und Deira kann man noch zu Fuß erschließen. Für die Sehenswürdigkeiten jenseits des Stadtkerns sollte man einen Leihwagen, ein Taxi oder die 2009 eröffnete Metro nehmen, denn sie liegen weit verstreut zu beiden Seiten des Creek.

Von Weitem schon ist der **Dubai Creek Golf & Yacht Club** ➜ D/E10 an seinem originellen Dach erkennbar. Seit 1993 bis zur Eröffnung des Burj Al Arab waren die 45 Meter hohen, schneeweißen Spitzen des Clubhauses, die den Segeln einer Dhau gleichen, das Wahrzeichen Dubais. Und das nicht zu Unrecht, verbindet es doch einzigartig in ursprünglich beduinischer Umgebung weltgewandte Modernität mit der klassischen Grundform arabischer Seefahrt. Schon beim Betreten des Golfclubs spürt man den Übergang in eine andere Welt. Hier, an den Ufern des Creek, entstand 1992 auf unwirtlichem Wüstensand ein mehrfach preisgekrönter Rasengolfplatz, der unter Kennern zu den schönsten der Welt zählt.

Das Dach des Dubai Creek Golf Club gleicht den Segeln einer Dhau

Megakonstruktion in der Megacity: die Meydan VIP Bridge and Royal Bridge der Pferderennbahn

Bereits auf seinen Zugangswegen ist man fasziniert von den Villen zur Linken, in denen während der großen Turniere die weltbekannten Stargolfer absteigen, und dem sehr schönen Park Hyatt Hotel. Da die Restaurants des Clubs nicht nur Mitgliedern offenstehen, können auch Besucher die ausgedehnten Rasenanlagen einmal aus der Nähe betrachten, auf denen alljährlich Golfturniere ausgetragen werden. Zum Club gehört ferner der angrenzende Yachthafen mit empfehlenswerten Restaurants und herrlichem Blick auf den Creek.

An der Südseite des Golfclubs überquert man den Creek auf der Al-Garhoud-Brücke, passiert zunächst auf der Bur-Dubai-Seite den **Creekside Park** und die **Al Wafi Shopping Mall** ➜ D10 und sieht bereits am Horizont das über 200 Meter hohe **Dubai World Trade Centre** (DWTC) ➜ D9. Das Hochhaus, auf dessen Fertigstellung die damals regierende Sheikh Rashid Bin Saeed Al Maktoum drängte, wurde 1979 von der britischen Königin Elizabeth II. eingeweiht. Bis heute ist das DWTC zusammen mit dem angrenzenden Messe- und Kongresszentrum die erste Adresse für Ausstellungen, Kongresse und Wirtschaftsaktivitäten sowie Sitz zahlreicher Firmen.

Direkt daneben beherrscht seit Frühjahr 2000 ein architektonisches Highlight die Skyline von Dubai: Die **Jumeirah Emirates Towers** ➜ D9. Der Gebäudekomplex an der Sheikh Zayed Road besteht aus einem 350 Meter hohen Büro- und einem etwas niedrigeren Hotelturm, verbunden zu ebener Erde durch einen zweistöckigen Boulevard mit exklusiven Ladengeschäften und hervorragenden Restaurants.

Südlich des DWTC, weit draußen in der Wüste, aber durch eine breite vierspurige Autostraße mit begrüntem Mittelstreifen gut erreichbar, liegt die bekannteste Pferderennbahn der Arabischen Halbinsel: **The Meydan** ➜ E/F8 im Stadtteil Nad al Sheba. Hier befindet sich auch ein erweiterter Rundkurs für Kamelrennen (Okt.–März am Wochenende). Seinen hohen Bekanntheitsgrad verdankt The Meydan den Pferderennen, die hier jedes Jahr im Frühjahr ausgetragen werden, darunter der **Dubai World Cup**, mit einer Siegprämie von zehn Millionen US-Dollar das höchst dotierte Pferderennen der Welt.

Entlang der Sheikh Zayed Road fährt seit 2009 die erste **Metro** Dubais. Sie ist eine komfortable Verbindung aus U- und Hochbahn, die am Flughafen beginnt und nach 50 Kilometern in Jebel Ali endet (Red Line). Zu ihren meist frequentierten Stationen zählt (außer den großen Shopping-Malls Emirates Mall und Ibn Battuta Mall) die stadtnahe Burj Khalifa-Station. Hier steht seit 2010 das höchste Gebäude der Welt, der 828 Meter hohe **⑤ Burj Khalifa ➠ D9**. in dessen 163 Etagen mehr als 10 000 Menschen leben und arbeiten. In seinen unteren Stockwerken hat der italienische Modedesigner Giorgio Armani sein erstes Hotel eröffnet und in der 124. Etage befindet sich in ca. 400 Metern Höhe die Besucherplattform **At the Top**, die man mit dem schnellsten Aufzug der Welt erreicht. Wer noch höher hinauf will, kann seit 2014 bis zur 550 Meter hohen Sky-Lounge fahren.

Zu Füßen des schlanken, aluminiumfarbenen Turms erstreckt sich eine gelungene Parkanlage mit Wasserspielen, den Dancing Fountains. Ihre Fontänen steigen ab 17 Uhr alle 30 Minuten zu Takten bekannter Musikstücke bis zu 150 Meter hoch. Den besten Blick auf den Turm hat man von den Hotels The Adress und The Palace, die den Park einrahmen. Direkt neben dem Burj Khalifa hat 2010 die **⑥ Dubai Mall ➠ D9**, die größte Shopping-Mall des Emirats, eröffnet.

Jumeirah – das neue Dubai im Westen

Die Route ist im Dubai-Plan der Faltkarte blau eingezeichnet.

Kilometerlange Sandstrände von Port Rashid in südwestlicher Richtung bis hinunter zur Dubai Marina machen Dubai bei Europäern zum überaus beliebten Urlaubsziel. Die ersten 20 Kilometer dieses weißen, makellosen Sandstrands zwischen den Hotels Dubai Marine Beach Resort und Sheraton Jumeirah Beach Resort & Spa befinden sich seit zwei Jahrzehnten fest in der Hand nationaler und internationaler Hotelketten – sieht man von wenigen kleinen »freien« Strandabschnitten und

Kamele am weißen Sandstrand von Jebel Ali

dem ca. zwei Kilometer langen öffentlichen Jumeirah Beach Park sowie einem etwa vier Kilometer langen Küstenanwesen hinter dem Burj Al Arab ab, das sich im Besitz der Herrscherfamilie Al Maktoum befindet. Hinter diesem Bade- und Hotelstrand von Jumeirah, der an der Dubai Marina endet, beginnt das Industriegebiet Jebel Ali mit seinem großen Hafen und wiederum dahinter, in Richtung Abu Dhabi, liegt dann – ca. 50 Kilometer vom alten Stadtzentrum entfernt – der Badestrand des Luxushotels Jebel Ali Golf Resort & Spa.

Das Hinterland dieses Küstenabschnitts wurde bereits Ende der 1970er Jahre erschlossen, als Dubais Bevölkerungszahl zunahm und die bessergestellten Familien ihre engen Stadthäuser in Bur Dubai oder Deira aufgaben, um in neue, größere Villen im Außenbezirk Jumeirah zu ziehen. Und da in der Stadt kein Platz für einen Zoo war, wurde dieser damals ebenfalls hier draußen angesiedelt. Heute bilden der Stadtteil Jumeirah und der weiter südwestlich hinter der Um Suqeim Street sich anschließende Stadtteil Al Sufouh die großen Stadtentwicklungsgebiete. Denn vor ihrer Küste erstrecken sich weit ins Meer hinaus die künstlich geschaffenen Landgewinnungsareale **The Palm Jumeirah** und die Inselgruppe **The World**.

Am schnellsten gelangt man nach Jumeirah auf der zehnspurigen, autobahnähnlichen **Sheikh Zayed Road**, benannt nach dem verstorbenen Herrscher von Abu Dhabi. Sie beginnt am Dubai World Trade Centre, verläuft parallel zur Küste, passiert nach etwa 50 Kilometern das Hotelresort Jebel Ali und endet nach 170 Kilometern in Abu Dhabi, der Hauptstadt der V. A. E. Von ihr zweigen im Stadtbereich Dubais an den sogenannten Interchanges gut beschilderte Straßen Richtung Küste ab, auf denen man die entsprechenden Strandabschnitte mit ihren Hotels erreicht.

Wer Zeit und Muße mitbringt, benutzt besser ab dem Al-Dhiyafa-Verkehrskreisel die direkt entlang der Küste verlaufende **Jumeirah Road**, an deren Ende man – immer parallel zum Strand fahrend – das Jumeirah Beach Hotel und den Burj Al Arab erreicht. Von hier führt sie dann als Al Sufouh Road zu weiteren Strandhotelanlagen, bis zum am weitesten südwestlich gelegenen Sheraton Jumeirah Beach Resort & Spa.

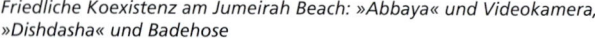

Friedliche Koexistenz am Jumeirah Beach: »Abbaya« und Videokamera, »Dishdasha« und Badehose

*Eine der größten künstlich erschaffenen Halbinseln der Welt:
The Palm Jumeirah*

Am Beginn der Jumeirah Road, unweit des Al-Dhiyafa-Verkehrs-kreisels, steht linker Hand die meistfotografierte Moschee Dubais, die **❼ Jumeirah Moschee ➜ D9**. Dieses 1983 erbaute Gotteshaus hat nichts mit den supermodernen Glas- und Stahlkonstruktionen des heutigen Dubai gemein. Es entspricht in Pracht und Architektur ganz den traditionellen arabischen Moscheebauten: zwei 70 Meter hohe, schlanke, klassische Minarette, eine mächtige Haupt- und mehrere Nebenkuppeln, Rundbögen über den von arabischen Mustern durchbrochenen Seitenwänden, schwere Kandelaber über den Eingangsportalen. Gelb-weißer Kalkstein und heller Marmor lassen das Bauwerk im Licht der Sonne erstrahlen und heben seine besondere Stellung als schönste Moschee Dubais hervor. Sie kann als einzige Moschee Dubais auch von Nicht-Muslimen besichtigt werden.

Die bekannteste und schönste Moschee des Emirats: Jumeirah Mosque

Folgt man der Jumeirah Road, liegt unweit hinter der Moschee auf der linken Seite der **Zoo ➜ D9**. Bereits 1967 eröffnet ist er der älteste Tiergarten auf der Arabischen Halbinsel und dank seiner über 1000 Tiere auch ein von einheimischen Familien gern besuchter Ort. Es kursieren Pläne, ihn 2017 umzusiedeln.

Wenige hundert Meter hinter dem Zoo beginnt der lange Jumeirah Beach mit prächtigen Hotel Resorts, darunter gleich am Anfang das 2014 eröffnete **Four Season Dubai ➜ D8**. Wer sich von

Eines der höchsten Hotels der Welt: Burj Al Arab

Sand und Meerwasser nicht angezogen fühlt, kann stattdessen den landeinwärts gelegenen öffentlichen **Safa Park** ➡ D8 aufsuchen, der eine ähnliche Erholungsqualität bietet.

In diesem Bereich des Stadtteils Jumeirah bewegt sich der Besucher auf historischem Boden. Ausgrabungen belegen, dass hier vor mehr als 1000 Jahren eine Handelsstation an der küstennahen Karawanenroute zwischen Oman und Mesopotamien lag. Das etwa 20 Hektar große Ausgrabungsareal der **Archäologischen Stätte Jumeirah** ➡ D8 ist seit 2008 der Öffentlichkeit zugänglich.

An der Jumeirah Road fordert ein Hinweisschild zum Besuch der **Umm Al Sheif Majlis (Al Ghoreifa)** ➡ D7/8 auf. Dieses kleine Anwesen beherbergt ein restauriertes Landhaus, das dem Vater des regierenden Herrschers gehörte. An einer heute noch sprudelnden Süßwasserquelle hatte Sheikh Rashid sich einst als Kronprinz ein rechteckiges Lehmhaus erbauen lassen. Im ersten Stock befindet sich ein Versammlungsraum *(majlis)*, der mit vielen Kissen und wenigen Möbeln originalgetreu darstellt, in welchem Ambiente damals Herrscher ihre Untertanen empfingen.

Entlang der Jumeirah Beach Road bestimmt hingegen ganz die Gegenwart das Bild. In der Ferne ragt bereits unübersehbar ein weltbekanntes Wahrzeichen Dubais in den Himmel, der Hotelturm **❽ Burj Al Arab** ➡ D6. Eines der höchsten Hotels der Welt, das sich auf einer künstlichen Insel aus dem Meer erhebt, bildet mit dem zuvor am gegenüberliegenden Strand errichteten **Jumeirah Beach Hotel** ➡ D6 ein architektonisches Ensemble. Dem Jumeirah Beach Hotel, in Form einer Welle, antwortet der Burj Al Arab vom Meer aus mit der Form eines geblähten Segels, wie es eine ausfahrende Dhau trägt. Zwischen beiden erstreckt sich eine noble Marina.

Hinter der gläsernen Fassade des Jumeirah Beach Hotel erhebt sich ein massives, festungsähnliches Bauwerk, dessen hohe, sandsteinrote Mauern von Türmen und Rutschen überragt werden: der Unterhaltungspark **Wild Wadi** ➜ D6 – *the world's most advanced water theme park*, wie er sich selbst auf der Eintrittskarte einstuft. Dieser Wasserpark richtet sein Freizeitangebot an Familien und Kinder: Im wilden Wadi kann man surfen und durch unterirdische Wasserläufe gleiten, mit hoher Geschwindigkeit über Wasserbahnen rasen oder sich in den Flood River stürzen, in dem sich – durch plötzlich einströmendes Wasser – Wellen von über ei-

Kunsthandwerk und Antiquitäten im Souq des Madinat Jumeirah

nem Meter Höhe auftürmen. Direkt neben dem Wild Wadi liegt das Hotel **9** **Madinat Jumeirah** ➜ D6. Die Hotelstadt besteht aus zwei Boutiquehotels, Sommerhäusern, einem Luxus-Wellness-Bereich und einem Souq für gehobene Ansprüche.

Wenige Kilometer weiter auf der Al Sufouh Road in südwestlicher Richtung erreicht man am **Jumeirah Beach** einen langen Strandabschnitt, an dem sich wiederum ein halbes Dutzend großer Strandhotels befindet. Zuvor passiert man auf der landzugewandten Seite der Straße die neue Internet City (Bürogebäude mit Filialen aller großen Internetfirmen) und die Media City (Niederlassung vieler großer TV-Sender wie CNN, BBC u. a.).

Das Jumeirah Beach Hotel zählt zu den beliebtesten der Region

gleich schnell von Abu Dhabi wie von Dubai landeinwärts zu erreichen. Während man früher mit Kamelen entlang der alten Karawanenroute zwischen Oman und Mesopotamien quer durch die Wüste nach Al Ain zog, reist man heute sowohl von Abu Dhabi als auch von Dubai auf einer mehrspurigen, nachts teilweise beleuchteten Autobahn, die zu beiden Seiten von Bäumen begrünt ist.

Al Ain blickt auf eine 5000 Jahre alte Geschichte zurück, wie archäologische Funde im Stadtteil **Hili** in den öffentlichen **Hili Archaeological Gardens** belegen. Denn am Fuß des 1249 Meter hohen Jebel Hafeet dehnen sich große Gartensiedlungen mit Millionen von Palmen aus, die als zusammenhängende Grünfläche die in der Vergangenheit umkämpfte Oase **Al Buraimi** bilden. Mitten hindurch führt heute die Grenze zwischen den Staaten V.A.E. und Oman: Oman behielt für seinen Anteil den alten Namen Al Buraimi bei, während die V.A.E. ihrem Bezirk den Namen jenes Gartens gab, in dem ihr Staatsgründer Sheikh Zayed geboren wurde. Von Al Ain kann man hinüber ins omanische Al Buraimi wechseln (Einreise-Visa für Oman werden am Grenzübergang erteilt).

Die Oasenstadt Al Ain ist die beliebteste Sommerfrische am Golf. Sie beherbergt die Landesuniversität der V.A.E., verfügt über Luxushotels (z.B. Hilton, Danet Al Ain, Rotana) und auf dem Gelände der alten Lehmfestung **Al Hosn** über das herausragende **Al Ain National Museum**. In ihren Stadtgrenzen trifft man auf viele Unterhaltungs- und Freizeitangebote, aber auch auf den größten und berühmtesten **⑩ Kamelmarkt am Golf**, den größten **Zoo** der V.A.E. mit einem besonders schönen Aquarium und viele ältere Sehenswürdigkeiten. Zu letzteren gehören mehrere alte Festungen, darunter **Fort Jahili** und das nur von außen zu besichtigende **Fort Murabbaa**.

Al Ain National Museum ➡ cC5
Neben der Al-Hosn-Festung
Al Ain
℡ 03 764 195
www.visitabudhabi.ae
Sa/So, Di–Do 8–19.30, Fr 15–19.30 Uhr, Mo geschl.

Eintritt Dhs 3
Archäologische Funde, Musikinstrumente und Exponate beduinischer Handwerkskunst; darüber hinaus viele figürlich dargestellte Szenen des Alltags vor dem Ölboom.

Ein Palast wie aus 1001 Nacht: das luxuriöse Kempinksi-Hotel Emirates Palace in Abu Dhabi

Kamelmarkt vor den Toren von Al Ain

Heritage Village ➤ bA1/2
Breakwater-Halbinsel gegenüber
der Corniche
Abu Dhabi
✆ 02 681 44 55
Tägl. 9–17, Juni–Sept. bis 22 Uhr
Eintritt frei
1987 eröffnete diese Rekonstruktion einer Beduinensiedlung mit
mehreren Barasti-Hütten, einem
Souq, Handwerksbetrieben (z. B.
Schmiede, Töpferei), einem Brunnen, dessen Wasser von einem
Ochsen aus der Tiefe hochgezogen wird, einem Museum und
dem Restaurant Al Asalah, von
dessen Terrasse man den schönsten Blick auf die Corniche hat.

Qasr Al Hosn ➤ bA3
Zayed I St., Ecke Airport Rd.
Abu Dhabi
✆ 02 621 53 00
www.abudhabi.ae
Wegen Renovierungen bis Ende
2016 geschl. Fotoausstellung in
angrenzendem Pavillon; tgl. 9–13
und 16–20 Uhr, Eintritt frei
Die alte Festung ist das historische
Zentrum Abu Dhabis.

Emirates Palace ➤ bA1
Corniche Rd., nahe der Marina
Mall, Abu Dhabi

✆ 02 690 90 00
www.emiratespalace.com
Das von dem deutschen Hotelunternehmen Kempinski geführte,
2005 im Stil eines arabischen Palasts in Abu Dhabi erbaute Hotel
ist eins der luxuriösesten der Welt
und trumpft mit Superlativen auf:
414 luxuriöse Suiten, ein Dutzend
Restaurants, traumhaft schöne
Poollandschaften, der längste
Privatstrand der V. A. E. mit eigenem Yachtclub, mehrere großzügige Spas mit Wellness- und
Fitnessangeboten auf höchstem
Niveau und luxuriöser Service, wo
immer man sich im Hotel aufhält:
Am Pool werden stündlich frische
Früchte gereicht.

⑩ Kamelmarkt ➤ cC5
Außerhalb der Stadt, an der südl.
Ausfallstraße Richtung Oman
Al Ain
So–Do 6–12 und 16–21 Uhr
Auf dem Gelände des neuen Central Market stehen unter freiem
Himmel Hunderte zum Verkauf
angebotene Tiere in Drahtpferchen. Sie werden von der einheimischen Bevölkerung in erster
Linie als Schlachttiere erworben.
Die Verkäufer erlauben das Streicheln der Kamelkälbchen.

Wüstenabenteuer in Abu Dhabi ▷

Arabische Oryx-Antilopen

Al Maha Desert Resort ➡ cC4
Sheik Zayed Rd., 50 km außerhalb, aber zu Dubai gehörend, an der E 66 nach Al Ain
✆ 04 832 99 00
www.al-maha.com
Traumhaft schöne Hotelanlage mitten in der Wüste, die zur Starwood Luxury Collection gehört. 40 Zelt-Bungalows der Luxuskategorie mit großzügigen Wohnschlafzimmern, die auf eine überdachte Holzterrasse mit eigenem kleinen Pool führen, 2008 von National Geographic ausgezeichnet.

Das eingezäunte Resort umfasst ca. 200 km² mit teilweise wieder eingeführter heimischer Fauna und Flora, darunter arabische Oryx-Antilopen, Berggazellen und Wüstenfüchse. Zu Pferd oder auf Kamelen können die Gäste unter fachkundiger Leitung die Wüste entdecken und

Wehrhaft noch heute: das Fujairah Fort

dabei auch Einblicke in die arabische Tradition der Falknerei gewinnen. Außergewöhnlicher Service und beeindruckender Luxus haben natürlich ihren Preis – aber die Verwirklichung eines Traums sollte es dem Besucher wert sein!

Fujairah

Das östlichste Emirat der V. A. E. Fujairah ➡ cB5 erstreckt sich mit seiner Küste jenseits der Straße von Hormus am Indischen Ozean. Wegen seiner reizvollen Landschaft und der üppigen Vegetation trägt es den Namen »Garten der Emirate«. Historisches Zentrum der Stadt Fujairah ist die 1670 erbaute Festung, das **Fujairah Fort**, einst der Familiensitz der regierenden Al Sharqi. Unweit davon entfernt, zentral in der Stadt, befindet sich das **Fujairah Museum**, in dem archäologische und ethnografische Funde des Emirats präsentiert werden (So–Do 8.30–13.30 und 16.30–18.30 Uhr).

Fujairah verfügt ebenfalls über schöne Sandstrände mit adäquaten Strandhotels (z. B. Hilton, Rotana, Le Méridien). Vor der Küste Fujairahs trifft man auf prächtige Korallenformationen und die schönsten Tauchreviere der V. A. E. Die meisten Tauchexkursionen von Veranstaltern in Dubai suchen deshalb diesen Küstenstreifen auf.

30 Kilometer nördlich von Fujairah City liegt das kleine Küstendorf **Al Bidya** ➡ cB5. Es bietet Besuchern zwei Attraktionen. Jeden Donnerstag wird auf dem **Thursday Market**, einem riesigen Freiluftmarkt, Obst und Gemüse aus der Umgebung angeboten. Und in Al Bidya steht auch die Majid-Al-Othamani-Moschee (oder umgangssprachlich **Al Bidya Mosque**), die älteste Moschee der V. A. E., deren Grundsteine bereits im 7. Jahrhundert gelegt wurden. Die Moschee ist ein kleiner, weißgekalkter Bau mit vier niedrigen Kuppeln. Ihr Weiß hebt sich strahlend vom dunklen Lavagestein der angrenzenden Hügelkette ab. Ihre heutige Form erhielt die Moschee im 16. Jahrhundert.

Ajman

Die benachbarten Emirate Sharjah und Ajman ➡ cB4 gehen erst seit 1820 getrennte Wege; damals löste sich aufgrund von Familienstreitigkeiten Sheikh Rashid Al Nuaimi, das damals regierende Familienoberhaupt der heute noch Ajman regierenden Herrscherfamilie, von Sharjah. Ajman, auch im Besitz von zwei Enklaven, ist das kleinste und ärmste Emirat der V. A. E.; es wird im Rahmen eines Abkommens, vergleichbar mit dem bundesrepublikanischen Länderfinanzausgleich, finanziell von Dubai und Abu Dhabi unterstützt.

Alle Bemühungen, seine sehr schönen Sandstrände touristisch zu vermarkten, tragen heute erste Früchte, auch wenn das einzige Luxushotel des Emirats, das Ajman Kempinski, in die Jahre gekommen ist. Bevorzugt übernachten hier europäische Gäste, die um das Preisgefälle zu den Strandhotels im nur 40 Kilometer entfernten Dubai wissen. Wem Sand und Sonne genügen und wer deshalb spürbar weniger für einen Urlaub am Arabischen Golf ausgeben will als in Dubai, sollte Ajman besuchen. ■

Museen, Architektur, Parks und andere Sehenswürdigkeiten

Dubais Entwicklung ist ohne Beispiel. Als Beduinen zog die Mehrzahl der Urgroßeltern mit ihren Kamelen durch die Wüste, sie lebten bescheiden vom Seehandel oder vereinzelt vom Perlentauchen. Heute erwirtschaften ihre Enkel in klimatisierten Hochhäusern an Designerschreibtischen online und per Handy ihr Vermögen in stolzer Kenntnis dieser Geschichte und ihren Traditionen.

Diese Gegensätzlichkeiten bestimmen jedes Besichtigungsprogramm und wer Dubai gerecht werden will, sollte als Besucher diese Momente gebührend in den Blick nehmen. Dazu passt auch, dass sich Dubai nach der Finanzkrise von 2008/09 sehr schnell – nicht zuletzt dank der Verwandtschaft im noch reicheren Abu Dhabi – wieder stabilisiert hat. Heute kommen ca. 300 000 deutsche Besucher pro Jahr nach Dubai.

Museen

Al Madrasah Al Ahmadiya/ Museum of Education ➡ aB2
Al Ras Rd., Deira, an der Mündung des Creek
℡ 04 22 60 22 86, Sa–Do 8–19.30, Fr 15–19.30 Uhr, Eintritt frei
Die erste Schule des Emirats, die 1912 eröffnete und bis in die 1960er Jahre genutzt wurde, trägt den Namen jenes reichen Perlenhändlers, der sie erbaute: Mohammed Bin Ahmad. Im Jahr 1999 wurde die Schule restauriert und dient seitdem als Museum of Education.

Diving Village ➡ aB1/2
Al Khaleej Rd., neben dem Heritage Village, Dubai
℡ 04 393 93 90, Sa–Do 8–22, Fr 8–11 und 16–22 Uhr
Eintritt frei
Als Pendant zum Heritage Village, das das traditionelle Leben an Land rekonstruiert, versucht das Diving Village das Meer als Lebensraum und seine traditionelle Bedeutung für Dubai in Erinnerung zu rufen – auch um Interesse für die Notwendigkeit ökologischen Verhaltens zu wecken. Im Mittelpunkt stehen der Schiffsbau und der Perlenhandel,

Al Madrasah Al Ahmadiya: die erste Schule des Emirats

Tanzende Mädchen auf einer Hochzeitsfeier im Dubai Heritage Village

wobei das Tauchen nach Perlen und dabei insbesondere die damaligen Techniken und Ausrüstungen der Taucher oft ungläubiges Staunen hervorrufen.

Dubai Municipality Museum
➡ aB/aC2/3
Baniyas Rd., Deira, direkt am Eingang zum Gewürz-Souq
Tägl. 8–14.30 Uhr
Eintritt frei
Im ersten Stock des 2005 renovierten Hauses einer angesehenen Händlerfamilie tagte seit 1959 der Gemeinderat unter Vorsitz des damals regierenden Sheikh Rashid, des Vaters des heutigen Herrschers. Fotos aus den 1960er Jahren sowie ein informativer Schwarzweißfilm vermitteln einen Eindruck von der Siedlung Dubai in dieser Zeit.

❷ Dubai Museum im Al Fahidi Fort ➡ aD2
Al Fahidi St., Bur Dubai, neben der Großen Moschee
☎ 04 353 18 62
Sa–Do 8.30–20.30, Fr 14.30–20.30 Uhr, Eintritt Dhs 3, Kinder Dh 1
In der ältesten Festung der Stadt wurde 1995 ein eindrucksvolles Museum eröffnet, das das Leben und den Alltag im alten Dubai

sehr anschaulich darstellt. Die Besucher schreiten durch thematisch gegliederte Räume und können sich sehr detailliert über Handel und Produktion, Familie und Erziehung, die Wüste und das Leben der Beduinen und schließlich über den Schiffsbau, das Perlentauchen und den Seehandel informieren.

Hervorragende Ausstellungsstücke werden durch Videofilme und szenische Nachbildungen mit lebensgroßen Figuren und der dazu gehörenden Audiokulisse vom Band ergänzt. Die Al-Fahidi-Festung und ihr Innenhof beherbergen ebenfalls beachtliche Exponate, z.B. mehrere alte Dhaus, eine Barasti-Hütte mit einem Windturm und prähistorische Funde.

Heritage House ➡ aB2
Al Ras Rd., neben der Al Madrasah al Ahmadiya School
☎ 04 226 02 86
Sa–Do 8–19.30, Fr 14.30–19 Uhr
Eintritt frei
Restauriertes zweistöckiges Stadthaus aus dem 19. Jh. 1910 erwarb es ein Perlenhändler, bis 1964 war es bewohnt. Seit 2001 ist es ein Museum des Familienlebens in der Vorölzeit.

Heritage Village ➡ aB1/2

Al Khaleej Rd., auf der Landspitze Al Shindagha
℗ 04 393 71 51
Sa–Do 8–22.30, Fr 8–11, 16–22 Uhr
Eintritt frei

In diesem 1997 aus Original-Materialien erbauten Dorf wird das Leben in Dubai vor drei Generationen präsentiert. Besonders während des Shopping Festivals darf man sich einen Besuch nicht entgehen lassen, weil dann ein sehr attraktives Programm in die traditionellen Sitten und Gebräuche einführt.

❸ Sheikh Saeed Al Maktoum House ➡ aB1

Bur Dubai, an der südwestl. Seite der Shindagha-Landspitze
℗ 04 393 71 39
Sa–Do 8.30–22, Fr 15–22 Uhr
Eintritt Dhs 2

Der zweistöckige Palast von Sheikh Saeed, der von 1912–58 Dubai regierte, liegt direkt am Creek. Erbaut im Jahr 1896 ist er ein Beispiel arabischer Hausarchitektur des späten 19. Jh. Die Rekonstruktion ist seit 1996 als Museum für die Öffentlichkeit zugänglich. Die ehemaligen Wohn- und Schlafzimmer der Herrscherfamilie dienen seitdem als Ausstellungsräume, in denen z. B. historische Dokumente, alte Fotografien und eine Schmucksammlung zu sehen sind.

Majlis Ghorfat Umm Al Sheif

➡ D7/8

Jumeirah Beach Rd.
℗ 04 394 63 43
So–Do 8.30–22, Fr/Sa 15–22 Uhr
Eintritt Dhs 3

Die ehemalige, zweistöckige Sommerresidenz von Sheikh Rashid Bin Saeed al Maktoum wurde 1995 restauriert und nach altem Vorbild eingerichtet. In der 3000 m² großen Anlage befinden sich außerdem ein Barasti-Hüttenhaus mit einem Windturm (dient heute als Gartencafé) und ein traditionelles Falaj-System, mit dem die Palmen bewässert werden.

Architektur, Parks und andere Sehenswürdigkeiten

❶ Al Khor/Dubai Creek

➡ aA2–aD5

Der schmale, flussähnliche natürliche Meeresarm des Golfs windet sich mitten durch die Stadt und weitere 13 km ins Hinterland bis zum ✤ **Ras Al Khor Wildlife Sanctuary**. Al Khor ist der arabische Name, der englische Name lautet: The Creek.

Den Creek überquert man mit einer Abra, einem Wassertaxi. Fahrpreis: Dh 1. An den Anlegestellen in Deira oder in Bur Dubai kann man für ca. Dhs 100 eine Abra mieten und dafür eine Stunde den Creek hinauf und hinunter fahren.

Bastakiya ➡ aC/aD2/3

Ältester Stadtteil Dubais mit ca. 30 restaurierten Häusern, Windtürmen, engen Gassen (sikkas) und mehreren kleinen Geschäften, dem **XVA Art Hotel** mit Galerie, einem Briefmarkenmuseum und mehreren Restaurants und Cafés. Man kann das Viertel auf eigene Faust erkunden. Wer fachkundig geführt werden möchte: Die Organisation »Open Doors – Open Minds« des Sheikh Mohammed Center of Cultural Understanding (SMCCU) organisiert Spaziergänge und Begegnungen (Tel. 353 66 66, www.cultures.ae. **Führungen** mit Besuch des SMCCU-Hauses: Bastakiya Walking Tour, Sa–Do 9 Uhr (60 Min., 35 Dhs); Bastakiya Heritage Tour, Sa, So, Di und Do 10.30 Uhr (90 Min., 55 Dhs). **Begegnungen:** Man speist arabisch und kann Fragen stellen: Cultural Breakfast, Mo und Mi 10 Uhr (90 Min., 60 Dhs) und Cultural Lunch, Do und Di 13 Uhr (90 Min., 70

Der Dubai Creek teilt die Stadt in die Stadtteile Bur Dubai und Deira

Dhs). Cultural Dinner, Di 19 Uhr und Cultural Brunch, Sa 10.30 Uhr (90 Min., 80 Dhs).

Bayt Al Wakeel ➡ aC2
Am Ufer des Creek, Bur Dubai, Zugang vom Bur Dubai Souq
Das Verwaltungsgebäude ließ Sheikh Rashid Bin Saeed Al Maktoum im Jahr 1934 errichten, um den Verkehr und die Bewegungen auf dem Creek zu kontrollieren. Hier hatte auch der Beauftragte (arab. *wakeel*) der British India Steam Company seinen Sitz, deren Handelsschiffe auf dem Weg nach Indien in Dubai anlegten. Heute dient das Bayt Al Wakeel als Restaurant, von seiner Terrasse hat man einen schönen Blick auf den Creek und hinüber zur Deira-Seite.

8 Burj Al Arab ➡ D6
Jumeirah Beach Rd.
✆ 04 301 77 77
www.burjalarab.com
Im Jahr 2000 öffnete das Luxushotel Burj Al Arab (»Arabischer Turm«) und wurde über Nacht weltbekannt. Das unverwechselbare Wahrzeichen aus Glas und Stahl vermarktet sich selbst wegen seiner spektakulären Architektur.

Der Burj Al Arab ragt auf einer künstlichen Insel 300 m vom Festland entfernt 321 m hoch in den arabischen Himmel und wird von 800 Säulen getragen, die 45 m tief in den Meeresboden eingelassen wurden. Tagsüber erstrahlt das Gebäude in einem blendenden Weiß, nachts leuchtet seine Fassade in Regenbogenfaben.

Auf einer künstlich angelegten Insel im Arabischen Golf: das Hotel Burj Al Arab

Der orientalisch-futuristische Luxustempel beeindruckt mit blauem Granit aus Brasilien, schneeweißem Marmor aus Italien, knisternder Seide aus dem Iran, feinstem Leinen aus Irland und Blattgold in großen Mengen z. B. an den turmhohen Blendarkaden in der Lobby. Sie überwölben die ersten drei Etagen, aus denen sich die Gänge zu den Suiten wie Balkone aus 1001 Nacht zum Inneren des Turms hin öffnen. Der Blick schweift von Galerie zu Galerie bis hinauf in die 26.

Etage des Gebäudes. Die kleinsten Suiten erstrecken sich über zwei Stockwerke: 170 m² Luxus. Jede Suite wird von einem Butler betreut. Er ist in diesem märchenhaften Königreich die gute Fee, die dem Besucher alle Wünsche von den Augen abliest.

Wer nicht mit der Yacht oder dem Helikopter anreist, der wird von einem livrierten Chauffeur mit einem Rolls-Royce direkt vom Flughafen über die Mole, die den Burj Al Arab mit dem Festland verbindet, zur Empfangshalle gebracht. Abends illuminieren Fackeln den Eingang der vor Gold strotzenden Lobby, in deren Mitte eine bis zu 30 m hohe Wasserfontäne aufsteigt. Eine Besichtigung ist nur für Gäste der Nachbarhotels Jumeirah Beach und Madinat Jumeirah oder nach Buchungen in den Hotelrestaurants **Al Mahara** oder **Al Muntaha** bzw. im Wellnessbereich möglich.

⑤ Burj Khalifa ➜ D9
Mohammed Bin Rashid Blvd.
Downtown Dubai
✆ 04 366 16 55
www.burjkhalifa.ae
Tägl. 8.30–24 Uhr
Ticketoffice in der Dubai Mall, Online-Reservierung bis zu 30 Tage

Master Bedroom in der Grand Suite im Hotel Burj Al Arab

Dubais neues Wahrzeichen – Burj Al Khalifa

im Voraus sehr empfehlenswert. Plattform At the Top (400 m über NN) Dhs 125/95 (17.30–18.30 Uhr Dhs 200/160), ohne Anmeldung (fast track) Dhs 300. Mit Aufzug online Dhs 125. Plattform Burj Khalifa Sky (550 m über NN): Dhs 500, tägl. 20–21.30 Uhr Dhs 300. 2010 eröffnete der 828 m hohe silbergraue Turm mit einem Hotel des Modeschöpfers Armani, Apartments und Büros. Der Burj Khalifa ist mit Abstand das höchste Gebäude der Welt. Auf einer Grundfläche von 7000 m² hat es die Form einer Wüstenblume

mit sechs Blättern, die sich nach oben spiralförmig verjüngen. Zu seinen Füßen liegen die Dubai Mall, die größte Shopping-Mall des Emirats, die drei Luxushotels **The Address, The Palace** und **The Adress Dubai Mall** sowie ein künstlicher See, auf dem die Dubai Fountains täglich ab 18 Uhr eine Wasserfontänen-Choreografie absolvieren (alle halbe Stunde).

Betreten kann man den Burj Khalifa als Besucher nur, wenn man ein Restaurant des Armani Hotels aufsuchen will. Wohl das ausgefallendste Restaurant Du-

Geschmeide aus dem Gold-Souq

In unmittelbarer Nachbarschaft zum DWTC hat 2008 das **Dubai International Financial Centre** mit der Börse, mehreren Bankfilialen und zahlreichen Galerien eröffnet.

Jumeirah Emirates Towers ➡ D9

Sheikh Zayed Rd., gegenüber vom Crowne Plaza Hotel
✆ 04 330 00 00
www.jumeirah.com
Die beiden dicht nebeneinander stehenden Türme sind derart aufeinander abgestimmt, dass sie dem Betrachter, der sich von Ferne nähert, wie ein einziges Bauwerk erscheinen. Zurzeit können sie mit 350 m Höhe noch immer für sich in Anspruch nehmen, zu den höchsten Gebäuden Dubais zu zählen.

Der Hotelturm ist der kleinere und erreicht nicht ganz die Höhe des Burj Al Arab; ihn kann man jederzeit betreten, um im modern eingerichteten Foyer einen Kaffee zu trinken oder aus dem **Alta Badia**, dem Restaurant im 50. Stock, die Aussicht zu genießen. Zu ebener Erde verbindet die beiden Türme eine der eleganteste Einkaufsmalls in Dubai, **The Boulevard at Emirates Towers**.

4 Gold-Souq ➡ aB3

Deira
Sa–Do 9–13, 16–22, Fr 16–22 Uhr
Jedermann kennt diese Örtlichkeit in Dubai: Der Souq dehnt sich in den verwinkelten Straßen im nördlichen Teil Deiras aus. In den Schaufenstern der mehr als 400 Geschäfte präsentiert sich das begehrteste Edelmetall der Welt in einer derart überwältigenden Fülle, dass man seinen Wert fast vergisst. Der Gold-Souq von Dubai ist weltweit der größte seiner Art.

Hotel-Hopping

Jumeirah Beach Rd. und Al Sufouh Rd.
Am kilometerlangen Jumeirah Beach reiht sich ein Dutzend größere Luxushotels – jeweils in gebührendem Abstand – eines architektonisch ausgefallener und prächtiger als das andere. Alle großen internationalen Luxushotelketten sind hier vertreten.

Wer sich schon jetzt informieren möchte, wo er bei seinem nächsten Dubai-Aufenthalt absteigen will, sollte ein paar dieser Hotels aufsuchen, unverbindlich durch die Lobby bummeln, einen Tee auf der Terrasse oder am Pool zu sich nehmen und beim Verlassen des Hauses nach einem Hochglanzprospekt (einschließlich Preisliste) fragen. Nur im Hotel Burj Al Arab ist das nicht so einfach möglich.

Jumeirah Archaeological Site
➡ D8
Nahe dem Jumeirah Beach Park
So–Do 9–14.30 Uhr

Orientalische Mitbringsel: handgefertigte Teppiche oder Stoffe aus dem Souq des Madinat Jumeirah

Eintritt frei
Ausgrabungen aus dem 7.–15. Jh., unter anderem die Fundamente einer Karawanserei, einer Moschee und eines Wehrturms.

Jumeirah Beach Park ➡ D8
Jumeirah Beach Rd.
Das öffentliche Strandbad mit einem schönen langen Sandstrand wurde 2014 wegen des Baus eines Binnenkanals von der Business Bay zum Arabischen Golf (Dubai Water Canal) in Höhe des Luxushotels Four Season Resort vorübergehend geschlossen. Der Park wird Anfang 2017 wieder eröffnet.

❼ Jumeirah Moschee ➡ D9
(Jumeirah Mosque)
Jumeirah Rd.
✆ 04 353 66 66
www.cultures.ae
Sa–Do für Nicht-Muslime um 10 Uhr Führungen durch den Verein »Open Doors, open Minds«; Fotografieren erlaubt, Kinder ab 6 J.
Das islamische Gotteshaus aus hellem Sandstein ist das schönste in Dubai. Die Minarette der Moschee ragen 70 m hoch in den Himmel.

Beeindruckend: die Hotelstadt Madinat Jumeirah

Majestätische Minarette: Jumeirah Mosque

Von innen beeindruckt ihr Kuppelgewölbe noch mehr als von außen.

9 Madinat Jumeirah ➡ D6
Ende der Jumeirah Beach Rd., Beginn der Al Sufouh Rd., unweit des Burj Al Arab
℡ 04 366 88 88
www.jumeirah.com
Souq tägl. 10–22 Uhr

Beeindruckendes Hotelresort mit drei Boutiquehotels – **Mina A'Salam, Al Qasr** – und 29 Sommerhäusern (**Dar Al Masyaf**), die durch Wasserstraßen miteinander verbunden sind. Großer schöner Souq, viele Restaurants.

Mall of the Emirates ➡ E6
Sheikh Zayed Rd., Interchange 4
℡ 04 409 90 00
www.malloftheemirates.com
So–Mi 10–22, Do–Sa 10–24 Uhr
Dubais ausgefallenste Shopping-Mall. Dazu gehören auch **Ski Dubai**, eine perfekte künstliche Winterwelt mit Skipisten und Snowboardhängen, und das herausragende **Kempinski Hotel Mall of the Emirates**. Die einzige Mall mit direktem Metro-Anschluss.

Meydan und Nad Al Sheba
➡ E/F8/9
Nad Al Sheba Rd., außerhalb der Stadt in südwestl. Richtung
℡ 04 336 36 66, Eintritt frei
Nad Al Sheba ist der Name eines südlich gelegenen Stadtteils, in dem auf unterschiedlichen Parcours in den Wintermonaten Pferde- und Kamelrennen stattfanden.

»Palmenwedel im Arabischen Golf«: The Palm Jumeirah

Das spektakuläre Hotel Atlantis an der Spitze des Palm Jumeirah

Heute sind es nur noch Kamele, die hier im Winter ihre Wettkämpfe austragen, denn direkt daneben wurde 2010 die neue Bahn für Pferderennen eingeweiht, die den Namen »Meydan« trägt. Dort findet jedes Frühjahr das teuerste Pferderennen der Welt, der Dubai World Cup, statt. An der Rennbahn steht ein Hotel gleichen Namens.

Safa Park ➡ D8
Zwischen Sheikh Zayed und Al Wasl Rd., Nähe Metropolitan Hotel
☏ 04 349 21 11
www.dm.gov.ae
Tägl. 8–22, Do–Sa bis 23 Uhr, keine Hunde, Bootsverleih
Eintritt Dhs 3
Sanfte Hügel mit Bäumen und große Rasenflächen säumen den See im Zentrum dieses ältesten und schönsten Erholungsgebiets der Stadt mitten im Nobelviertel Jumeirah. Mit Tretbooten lässt sich der See erkunden, auf den jeweiligen Plätzen kann Tennis, Fußball, Volleyball oder Basketball gespielt werden. Ein Jogging- und Fitnesspfad führt rund um die Anlage und für Kinder gibt es mehrere Spielplätze. Als besondere Attraktion zeigen Modellgartenanlagen dem interessierten Besucher, wie Gärten in Europa, im Orient und in Dubai aussehen.

Shindagha ➡ aB/aC1/2
Auf der Landzunge am Eingang des Creek liegen das Heritage und das Diving Village sowie das Sheikh Saeed House. Außerdem gibt es hier mehrere Freiluftrestaurants mit herrlichem Blick auf den Creek.

An seinen Ufern befinden sich viele Bänke, auf denen man sich von den Strapazen der Besichtigungen ausruhen kann.

The Palm Jumeirah ➡ B–D5/6
Künstliche Halbinsel im Arabischen Golf, Zugang von der Jumeirah Rd. in Höhe des Hotels One & Only Royal Mirage
Informationsbüro ☏ 04 390 33 33
www.thepalm.ae
Tägl. 9–22 Uhr
The Palm Jumeirah ist das erste von insgesamt drei gigantischen, visionären Projekten, die alle den Namen »The Palm…« und je nach ihrer Lage den Zusatz »Jumeirah«, »Jebel Ali« oder »Deira« tragen. Die erste, The Palm Jumeirah, wurde 2007 fertiggestellt. Mit ihren 17 Wedeln und

einem Kronendurchmesser von 5 km ragt sie mehrere Kilometer weit in den Arabischen Golf und ist über eine 350 m lange Landverbindung – quasi den Stamm der Palme – vom Festland aus zu erreichen.

Auf dieser Palme sind 2500 exklusive Strandvillen und ebenso viele Wohnungen mit Meerblick entstanden. An der Spitze der Palme eröffnete 2008 das spektakuläre Hotel **Atlantis**. Mit seinen 1600 Zimmern ist es das größte des Emirats.

Inzwischen haben auf dieser Palme mehrere Luxushotels eröffnet: **Jumeirah Zabeel Saray, Kempinski Palm Jumeirah; Anantara Dubai The Palm** und ✳ **One & Only The Palm**. Von beiden Strandseiten dieser Hotels hat man einen atemraubenden Blick auf die Skyline der Dubai Marina oder auf die »Wedel« der Palme bis zum Atlantis.

Al Wafi Mall und Wafi City
➡ D10
Al Qutaeyat Rd., Kreuzung Zabeel Rd., gegenüber vom Al Wasl Hospital
☏ 04 324 45 55
www.wafi.com
Sa–Mi 10–22, Do/Fr 10–24 Uhr
Das Einkaufszentrum Wafi Mall mit einer eigenen Haltestelle an der roten Metrolinie ist Mittelpunkt der Wafi City, zu der auch das Luxushotel **The Raffles Dubai** und das **Cleopatra's Spa**, der imposanteste Wellnesstempel ganz Dubais, gehören. Unübersehbar überragt das Dach in Form einer gläsernen Pyramide die Mall, so dass man sich in den langen Einkaufsstraßen bei angenehmen Temperaturen im Sonnenlicht bewegt. Säulen, Marmor und Glas bestimmen die Architektur im Inneren. Große bemalte Glasfenster mit ägyptischen Motiven erstrecken sich über mehrere Stockwerke.

Wild Wadi Waterpark ➡ D6
Jumeirah Beach Rd., neben dem Jumeirah Beach Hotel
☏ 04 348 44 44
www.jumeirah.com
Tägl. Nov.–Feb. 10–18, März–Mai und Okt.–Sept. 10–19, Juni-Aug. 10–20 Uhr, Do ab 20 Uhr nur Frauen, Eintritt Dhs 245, für Kinder unter 110 cm Dhs 185, für Gäste des Hotels Jumeirah Beach frei
Der Themenpark ist einem Wadi – einem für Wüstenregionen typischen ausgetrockneten Flussbett – nachempfunden, jedoch mit fließendem Wasser gefüllt und bietet mehr als 20 aufregende Fahrten und Attraktionen. Viele der Rutschen sind miteinander verbunden und haben eine Gesamtlänge von fast 2 km.

Eine der Attraktionen ist **Jumeirah Sceirah**, eine der größten und mit 60 km/h auch eine der schnellsten Wasserrutschen der Welt. Daneben gibt es Wasser-Achterbahnen und *Surf Walls*, die jeden Surffan fordern, weil er den Tunnel einer 2 m hohen Welle absurfen kann.

Figuren aus arabischen Legenden sorgen für eine märchenhafte Atmosphäre.

Women's Museum ➡ D10
Beit al Banat, nahe dem Gold-Souq, Deira
☏ 04 234 23 42
www.womenmuseumuae.com
Sa–Do 10–19 Uhr, Eintritt Dhs 20
Das um 1950 mitten in der Altstadt von Deira erbaute Wohnhaus hat die Emirati Rafia Gubash zu einem eindrucksvollen Museum zur Geschichte der Frauen im Emirat umgestaltet.

The World ➡ A–C7–9
www.theworld.ae
The World ist noch nicht zu besichtigen, aber aus der Luft und auf vielen Plakaten zu sehen: Ca. 5 km vor der Küste, zwischen The Palm Jumeirah und Port Rashid

»Jumeirah Sceirah«, eine der schnellsten Wasserrutschen der Welt im Wasser-Themenpark Wild Wadi

bilden auf einer Gesamtfläche von 9 x 6 km mitten im warmen Arabischen Golf 300 künstlich geschaffene Inseln und Inselchen zusammen als Inselgruppe das Bild der Weltkarte.

Alle Inseln sind an private Eigentümer verkauft, aber bis heute wurde nur eine (Libanon) bebaut. Sie wird von Zeit zu Zeit als Veranstaltungsort genutzt.

An vielen Orten stößt man auf den Werbeslogan für dieses visionäre Projekt der Unternehmensgruppe Nakheel, die auch The Palm Jumeirah realisiert: »The Palm puts Dubai on the map, The World puts the map on Dubai.«

Zoo ➡ D9
Jumeirah Beach Rd.
℡ 04 349 64 44
www.dubaicity.com/dubai-zoo/
Tägl. außer Di 10–18, Nov.–Feb. bis 17.30 Uhr, Eintritt Dhs 2
Sehr beliebt bei arabischen Familien. Viele einheimische Tiere. Schon seit Jahren soll der Zoo in ein größeres neues, artgerechtes Gehege in der Nähe des Mushrif Park verlagert werden. 2017 soll er endlich umziehen. ∎

45

Übernachten
Stadt- und Strandhotels

Bereits Ende der 1970er Jahre errichteten internationale Hotelkonzerne (Hyatt, Intercontinental und Sheraton) Luxushotels für anspruchsvolle Geschäftsreisende in unmittelbarer Nähe des Creek. An Touristen dachte damals im Emirat noch niemand. Aber mit zunehmender Diversifizierung der Wirtschaft und verantwortungsvollen Überlegungen für die Nach-Ölzeit trat ein Sinneswandel ein, zumal man zur gleichen Zeit den Freizeitwert des mehr als 40 Kilometer langen Sandstrands direkt vor der Tür entdeckte. Aber von Anfang an war auch klar, dass das Niveau an überdurchschnittlicher Qualität und erstklassigem Service, das Dubai der internationalen Geschäftswelt bot, auch für touristische Besucher nicht unterschritten werden sollte. Seit 15 Jahren bemüht sich Dubai deshalb um gehobenes Publikum für seine Hotels der Superluxus- und Luxuskategorie. 2015 besaß Dubai knapp 100 Fünf-Sterne-Hotels, darunter die besten der Welt.

Dubai richtet 2020 die Weltausstellung EXPO aus und erwartet dann 20 Mio. Besucher pro Jahr. Deshalb werden jetzt auch neue Hotels der Mittelklasse gebaut. Unabhängig davon gibt es in Dubai auch einfache Hotels und billige Unterkünfte. Sie befinden sich ausschließlich im alten Stadtkern und werden bevorzugt von besuchenden Verwandten der über eine Million Gastarbeiter aus der Dritten Welt aufgesucht. Europäische Besucher trifft man hier sehr selten an. Kleine Bed & Breakfast-Pensionen gibt es in Dubai nur sehr wenige, wohl aber Apartmenthotels und eine sehr schöne Jugendherberge.

Dass anspruchsvolle Luxushotels im Emirat Dubai weiter aus dem Boden schießen, erklärt sich auch mit ihrem Angebot an die einheimische Bevölkerung. Immer besitzen diese Hotels mehrere sehr schöne Restaurants und Cafés, hervorragende Sport- und Freizeiteinrichtungen, große Säle für Hochzeiten und andere Familienfeiern, mindestens einen Swimmingpool und mehrere Bars mit einem abendlicher Livemusik – zudem ist nur hier der öffentliche Alkoholausschank und -konsum zugelassen. Deshalb trifft man in diesen teureren Hotels auch immer viele Dubai'in.

Übernachten ist in Dubai nicht billig. Immer sind zum Preis noch zehn Prozent Bedienung und sechs Prozent Steuer hinzuzurechnen.

Fantastische Architektur aus Stahl und Glas: das Sheraton Dubai Creek (links) direkt am Creek

Stadthotels

The Address Downtown Dubai
➡ D9
Mohammed Bin Rashid Blvd.
✆ 04 436 88 88
www.theaddress.com
Futuristischer Palast mit Blick auf den Burj Khalifa und die Dubai Fountains. Neben der Dubai Mall. Luxus und Komfort auf höchstem Niveau, alles nur vom Feinsten – ein Traum. 196 Zimmer.
€€€€

Park Hyatt Dubai ➡ D10
Im Dubai Creek Golf & Yacht Club
✆ 04 602 12 34
www.dubai.park.hyatt.com
Hotel für Golf- und Yacht-Enthusiasten. Villenanlage mit schönen Gärten und Terrassen, 225 Zimmer, alle mit Creek View, exklusives Spa, Luxus pur, mitten in der Stadt, das schönste Hotel Dubais.
€€€€

Hilton Dubai Creek ➡ D10
Baniyas Rd., Deira, nahe Etisalat Tower, direkt am Creek
✆ 04 227 11 11
www.hilton.com
Das »stylishste« Boutiquehotel der Stadt von Ausnahmearchitekt Carlos Ott mit direktem Ausblick auf die Anlegestelle der Dhaus. Überall Chrom und Stahl, Fenster vom Boden bis zur Decke, mit Schwimmbad auf dem Dach und einer herausragende Küche. 142 Zimmer. €€€

Hyatt Regency Dubai ➡ D10
Deira Corniche, nahe Gold-Souq
✆ 04 209 12 34
www.dubai.regency.hyatt.com
Eine der ersten Landmarks im Stadtteil Deira direkt am Eingang des Creek. Das Hotel wartet mit großen Zimmern auf, alle mit Meerblick. Es hat eine schöne Lobby und in der integrierten Galerie Schlittschuhbahn, Kinos und Geschäfte, 414 Zimmer. €€€

Die angegebenen Preiskategorien gelten für eine Übernachtung pro Doppelzimmer. Es ist der Preis, der im Zimmer und an der Rezeption öffentlich aushängt, die sogenannte Rack Rate. Während der Sommermonate (Juni–Sept.) sind alle Preise wesentlich niedriger. Noch günstiger bekommt man oft Pauschalangebote deutscher Veranstalter.

€	–	unter 80 Euro
€€	–	80 bis 150 Euro
€€€	–	150 bis 250 Euro
€€€€	–	über 250 Euro

Vorwahl nach Dubai: ✆ +971 4
Innerhalb der Emirate: 04

Mövenpick Bur Dubai ➡ D10
Im Stadtteil Qoud Metha, gegenüber vom American Hospital
✆ 04 336 60 00
www.moevenpickburdubai.com
Freundliches Stadthotel mit 255 großen Zimmern; perfekter Schweizer Service, mehrere Restaurants, Schwimmbad auf dem Dach. €€€

The Palace Downtown Dubai
➡ D8/9
Mohammed Bin Rashid Blvd., zu Füßen des Burj Khalifa
✆ 04 428 78 88
www.theaddress.com
Am Rand eines künstlichen Sees, mitten in der Stadt und zu Füßen des höchsten Gebäudes der Welt liegt dieser orientalische Hotelpalast mit 242 Zimmern, in dem man nichts entbehrt. €€€

Ibis World Trade Centre ➡ D9
Sheikh Zayed Rd.
✆ 04 332 44 44
www.ibishotel.com
Zentrale Lage am Messegelände, zweckdienlicher Komfort, kein Schwimmbad, Metro-Anschluss, 210 Zimmer. €€

Essen und Trinken
Restaurants, Cafés

Die Auswahl an herausragenden Restaurants in Dubai ist sehr groß und das kulinarische Angebot der nationalen Küchen und Spezialitätenrestaurants äußerst vielfältig. Zu den besten zählen die Restaurants der großen internationalen Hotels. Hier kann der Besucher meist unter mehreren Restaurants im selben Hotel auswählen, und sie besitzen eine Lizenz für Alkoholausschank. Im Angebot der nationalen Küchen aus Europa sind Frankreich und Italien genauso vertreten wie Spanien, die Schweiz und Deutschland. Asien wird umfassend durch chinesische, japanische, vietnamesische, koreanische, indische und thailändische Restaurants repräsentiert, Amerika durch Steakhäuser sowie mexikanische, argentinische oder karibische Lokale. Natürlich fehlen auch die bekannten US-amerikanischen Fastfood-Ketten nicht.

Zur wahren Völlerei wachsen sich Restaurantbesuche am Freitagmittag aus. Denn am wöchentlichen Feiertag ist mittags stets Brunch-Time. Zwischen 11 und 15 Uhr überbieten sich alle großen Hotels in ihren besten Restaurants und auf den Terrassen am Rand ihrer Pools mit üppigsten Buffets. Kinder unter zwölf Jahren werden entweder gar nicht berechnet oder zahlen nur die Hälfte.

Besucher sollten keinesfalls versäumen, das einmalige kulinarische Angebot des Emirats zu erproben. Naheliegend ist das Kennenlernen der einheimischen sowie der libanesischen Küche mit all ihrer Vielfalt an Gewürzen und ihren opulenten Süßspeisen. Es gibt Dutzende sehr guter orientalischer Restaurants, die häufig Buffets mit einer fürstlichen Auswahl bekannter und weniger bekannter Spezialitäten anbieten; immer gehören in Dubai Fisch und Meeresfrüchte dazu.

Die nachstehende Restaurant-Auswahl ist als Entscheidungshilfe gedacht. Sie berücksichtigt nicht nur gastronomische Qualität, sondern auch den Unterhaltungs- und Erlebniswert eines Restaurantbesuchs: Beides auf hohem Niveau zu kombinieren (z. B. eine atemraubende Aussicht und eine ausgezeichnete Küche) ist für Dubai nichts Außergewöhnliches.

Weitere Informationen über Restaurants und ihre Spezialitäten können Sie den monatlich erscheinenden Broschüren »What's on« oder »Concierge« entnehmen, die in allen gehobenen Hotels ausliegen.

Immer gehören in Dubai Fisch und Meeresfrüchte dazu:
Fisch-Souq im Stadtteil Deira

Traditionelles arabisches Lunch im Sheikh Mohammed Centre for Cultural Understanding

Restaurants

Arabische Speisen:

Al Iwan ➡ D9
im Hotel Burj Al Arab, Jumeirah Beach Rd, ✆ 04 301 76 00
www.jumeirah.com
Tägl. 12.30–15.30, 18–24 Uhr
Lebendige orientalische Atmosphäre, eindrucksvolles Dekor mit sehr schönen arabischen Attributen, plätschernde Brunnen, viele Kerzen, aufmerksamer Service und vorzügliche Speisen: Gut für einen unvergesslichen Abend. €€€€

Al Qasr ➡ D9
Jumeirah Beach Rd., im Dubai Marine Beach Resort & Spa
✆ 04 346 11 11
www.dxbmarina.com
Tägl. 19–3 Uhr
Auf bequemen arabischen Polstern kann man in der luxuriösen Majlis den Meerblick genießen und wird kompetent in Fragen der arabischen und libanesischen Küche beraten. Der Gast kann beim traditionellen Brotbacken und Kochen zusehen, arabische Livemusik bietet den richtigen Rahmen für dieses Esserlebnis. Danach unbedingt eine Shisha mit hauseigener Tabakmischung probieren. €€€

Awtar ➡ D10
Sheikh Rashid Rd., im Hotel Grand Hyatt Dubai
www.dubai.grand.hyatt.com
✆ 04 317 22 22, tägl. 19.30–3 Uhr
Libanesische Küche. Große stilvolle Atrium-Anlage in traditioneller Zeltdach-Architektur. Herausragende Gerichte, Livemusik und Bauchtanzprogramm. €€€

Local House ➡ aD3
Bur Dubai, Stadtteil Bastakiya, zwischen Dubai Museum und der Majlis Gallery, ✆ 04 962 04 0
www.localhousedubai.com
Sa–Do 10.30–23, Fr 12–23 Uhr
Der Name ist Programm: Hier wird die Tradition und Gastfreundschaft des Emirats gepflegt und

---

Den empfohlenen Restaurants sind Preiskategorien in Dirham zugeordnet. Die Angaben beziehen sich auf ein Menü ohne Getränk:

€   – unter Dhs 50
€€   – 50 bis Dhs 100
€€€   – 100 bis Dhs 150
€€€€ – über Dhs 150

mit frischen lokalen Produkten gekocht. Spezialität sind sehr gute »Camelburger«, die arabische Variante der McDonalds-Fleischklopse. Das Freiluftlokal hat viel Atmosphäre! €€

Speisen mit schöner Aussicht:

Al Dawaar ➡ C10
Deira Corniche, 25. Stock des Hyatt Regency Hotel, www.dubai.regency.hyatt.com, ✆ 04 209 11 00 tägl. 12.30–15.30, 18.30–24 Uhr internationales Buffet
Das Al Dawaar ist eine Institution in Dubai. Man hat zwar nicht die höchste, aber die spektakulärste Aussicht, weil es Dubais einziges Restaurant ist, das sich dreht! In genau eine Stunde und 45 Minuten bekommt man einen Rundumblick auf die gesamte Stadt und den Golf – unbedingt mehrere Tage vorher reservieren. €€€€

Al Muntaha ➡ D6
Jumeirah Beach Rd., im Burj Al Arab, www.burjalarab.com ✆ 04 301 76 00, tägl. 12.30–15, 19–24 Uhr, Fr Brunch, mediterrane Küche, nur mit Reservierung
Mit dem gläsernen Expressaufzug gelangt man in weniger als einer Minute ins 200 m über der Wasseroberfläche des Arabischen Golfs liegende Restaurant, das in den Farbtönen des Himmels und des Meeres gehalten ist. Der Blick aus den Panoramafenstern, die vom Boden bis zur Decke reichen, ermöglicht eine Rundsicht auf das Meer, die Palm Jumeirah und das in der Ferne liegende Dubai. €€€€

Pierchic ➡ D6
Jumeirah Beach Rd., im Hotel Madinat Jumeirah, www.jumeirah.com, ✆ 04 366 58 66 Tägl. 12.30–15, 19–23.30 Uhr
Über einen 250 m langen Holzpier gelangt man zu dem luftigen Pavillon mitten im Meer. Besonders der nächtliche Blick auf das traumhaft illuminierte Madinat Jumeirah mit seinen Palmengärten und den Burj Al Arab erklärt die mehrere Tage im Voraus nötige Reservierung! Die Küche mit mediterranen Fischgerichten ist exzellent. €€€€

Stay ➡ C5
Crescent Rd., im Hotel One & Only The Palm, www.oneandonlyresorts.com, ✆ 04 440 10 30 Tägl. 19–23 Uhr
Eines der stilvollsten Restaurants im Emirat mit Spitzenküche unter der Leitung des Michelin-Starkochs Yannick Alléno. Der Gang durch das prächtige Hotel auf The Palm Jumeirah ist ein zusätzliches Hors-d'œuvre. €€€€

Alta Badia ➡ D9
Sheikh Zayed Rd., im kleineren der Jumeirah Emirates Towers ✆ 04 319 80 88, www.jumeirah.com, So–Do 12–15, So–Fr auch 18–24 Uhr
Hier gelten nur noch Superlative: Restaurant im 50. Stock in 217 m Höhe, italienische Kochkunst auf höchstem Niveau, sehr private Atmosphäre (nur 50 Plätze), postmoderne Inneneinrichtung von unaufdringlicher Eleganz, Cocktails vom Feinsten in der stilvollen Bar gleichen Namens. Reservierung erforderlich. €€€€

✿ **Ewaan Lounge** ➡ D8/9
Mohammed Bin Rashid Blvd., im The Palace Downtown Dubai ✆ 04 428 78 88, www.theadress.com, tägl. 16–2 Uhr
Outdoor Lounge unter Palmen, vorzügliche *mezze* (arabische Vorspeisen), angenehme Musik, große Auswahl an Shishas, Blick auf den Burj Khalifa. €€

Fischrestaurants:

Peppercrab ➡ D10
Sheikh Rashid Rd., im Hotel

Die Skyview Bar des Restaurants »Al Muntaha« im Hotel Burj Al Arab

Grand Hyatt Dubai, ℂ 04 317 22 21, www.dubai.grand.hyatt.com, tägl. 19–23.30 Uhr
Am Rand des hoteleigenen Tropenwalds kann man den Köchen aus Singapur bei der Zubereitung über die Schulter schauen und die Meerestiere, die schließlich auf dem Teller landen, in Aquarien und großen gläsernen Schalen, die wunderschön von der Decke hängen, noch lebend bestaunen. €€€€

Fish Market ➡ aC5
Baniyas Rd., im Hotel Radisson Blu ℂ 04 205 73 33
www.radissonblu.com
Tägl.12.30–15, 19.30–23.30 Uhr
Man sucht sich den fangfrischen Fisch an einem Buffet aus und genießt während der Zubereitung den Blick auf den Dubai Creek. €€€€

Geales ➡ D5
Al Sufouh Rd., Jumeirah Beach, im Royal Méridien Hotel
ℂ 04 399 55 55, www.leroyalmeridiendubai.com, Do–Sa 12.30–15, 19–24, Fr 13–16 Uhr
Fischrestaurant und Weinlounge mit elegantem Interieur nach britischem Vorbild. Aus den großen Aquarien kann man die Fische und Meeresfrüchte selbst auswählen und nach eigenem Gusto

zubereiten lassen. Auf der Außenterrasse des Restaurants speist man mit Meerblick. €€€

Speisen auf dem Fluss:

Bateaux Dubai ➡ aD5
Abfahrt am Quai in der Al Seef Rd. ℂ 04 814 55 53
www.bateauxdubai.com
Tägl. 20.30 Uhr
Exklusives gläsernes Schiff, das den Pariser Seine-Schiffen gleicht. Mit vorzüglichen Restaurants und Rundumsicht beim Fahren auf dem Creek. €€€

Al Mansour, Hotelschiff des Radisson Blu ➡ D10
Anlegestelle Baniyas Rd.
ℂ 04 222 71 71, www.radissonblu.com, tägl. 20–23 Uhr, unbedingt vorher reservieren
Al Mansour ist der Name einer hoteleigenen Dhau, die direkt gegenüber vom Hotel ankert und ein abendliches Buffet anbietet, das man beim Vorbeigleiten an der Skyline des Dubai Creek genießen kann. €€

Im Freien:

The Boardwalk ➡ E10
Al Garhoud Rd., im Dubai Creek Golf & Yacht Club, ℂ 04 295 60 00
So–Do 12–24, Fr/Sa 8–24 Uhr

Die Atmosphäre des Yachthafens macht den besonderen Reiz und die große Beliebtheit des Lokals aus. Die Holzterrasse des Clubhauses, die weit in den Creek hineingebaut wurde, gewährt eine herrliche Aussicht. €€

✳ Nineteen ➡ D5

Im Süden der Sheikh Zayed Rd., Interchange 5, im The Address Montgomerie im Golf Club, Emirates Hills
℡ 04 888 34 44
www.themontgomerie.com
Tägl. 19–23, Fr/Sa 12–15.30 Uhr (Fr Brunch)
Schönes Terrassenrestaurant im sehr schönen Clubhaus mit Blick auf die Skyline der Sheikh Zayed Road; vorzügliches Essen. €€

Khan Zaman ➡ aB2

Shindagha, vor dem Diving Village
℡ 04 695 66 21
Tägl. 12–14.30, 17–24 Uhr
Während man auf den Teakholzstühlen sitzt und auf das reichhaltige arabische Essen wartet oder gemächlich eine Shisha raucht, kann man arabische Atmosphäre schnuppern. Direkt an der Mündung des Creek gelegen, gleiten Abrat und Dhaus vorüber, viele einheimische Familien und Touristen flanieren auf der Promenade. €

In außergewöhnlichem Ambiente:

Al Mahara ➡ D6

Im Burj Al Arab, www.burjalarab.com, ℡ 04 301 77 77
Tägl. 12.30–15, 19–24 Uhr
Fischrestaurant, nur mit Reservierung mehrere Wochen im Voraus
Für Freunde der Erlebnisgastronomie mit Sicherheit genau das Richtige. Das Abenteuer beginnt bereits mit einer simulierten dreiminütigen Fahrt im Unterseeboot zum Restaurant. Man speist mitten unter Fischen. Die Tische sind entlang der goldfarbenen Wände um ein riesiges Aquarium gruppiert, das vom Fußboden bis zur Decke reicht. €€€€

Celebrities ➡ D5

Al Sufouh Rd., im One & Only Royal Mirage, www.oneandonlyresorts.com, ℡ 04 399 99 99
So–Fr 19–23 Uhr
Man schreitet wie ein gefeierter Hollywood-Star die Marmortreppe hinunter und kann mit Blick aus riesigen Panoramafenstern auf die wunderschön beleuchtete Palmenallee, die sich im Wasserbecken spiegelt, fürstlich dinieren. Hier ist bis hin zum unaufdringlich exzellenten Service alles von höchster Qualität. €€€€

CUT ➡ D9

Sheikh Zayed Rd., im Hotel The Address Downtown, beim Burj Khalifa, ℡ 04 888 34 44, www.theaddress.com, tägl. 17–23 Uhr
Das Restaurant punktet mit elegantem Interieur in warmem Dekor, bestem Service, vorzüglichen Steaks und dem ständigen Blick auf die Wasserspiele zu Füßen des Burj Khalifa. €€€€

IZ ➡ D10

Sheikh Rashid Rd., im Hotel Grand Hyatt Dubai, Bur Dubai
℡ 04 317 22 21
www.dubai.grand.hyatt.com
tägl. 12.30–15, 19–24 Uhr
Man durchschreitet zuerst die Lobby des Hotels, stimmt sich beim Spaziergang durch den angelegten tropischen Regenwald auf Indien ein und erreicht im hinteren Ende das elegante Restaurant, das authentische indische Küche als Live-Cooking-Erlebnis bietet. Man wählt ein Stück Fleisch oder nur Vegetarisches aus und lässt sich begeistern, was für ein köstliches Gericht daraus zubereitet wird. Und darüber hinaus: Die Bar des IZ ist die einzige, die mehr als 40 verschiedene Whisky-Sorten anbietet. €€€€

Unter dem unvergleichlichen Sternenhimmel der Wüste: das Al Hadheerah Desert Restaurant

Al Hadheerah Desert Restaurant

Vor den Toren Dubais liegt das Hotel Bab Al Shams Desert Resort & Spa mit einem Restaurant unter dem unvergleichlichen Sternenhimmel der Wüste. Im Stil eines Innenhofs einer Karawanserei finden Europäer dort alles, was zu ihrem Arabienbild gehört: einen Souq, Wahrsagerinnen, Henna Ladies, Kochbereiche, in denen man die Zubereitung traditioneller arabischer Gerichte über offenem Feuer miterleben kann, Wasserpfeifen, arabische Livemusik, Bauchtanz und natürlich Falken und Kamele (auf denen man auch reiten kann). Die Speisen und die vielen Nachtisch-Köstlichkeiten suchen ihresgleichen; sie werden auf riesigen Steintischen präsentiert.

Bei der Anreise nach Einbruch der Dunkelheit durch die von Mond und Sternen erleuchtete Wüste taucht plötzlich das Resort in klassischer Lehmarchitektur und umgeben von Palmen auf. Von dort führt ein kurzer, mit Fackeln markierter Fußweg zu Al Hadheerah, das sehr stimmungsvoll mit offenem Feuer beleuchtet ist. Am Eingang lagert eine Gruppe von Kamelen, innerhalb der Lehmmauern erwarten freundliche Damen und Herren in malerischen Gewändern die Gäste, denen sie alles, was man sehen, riechen und schmecken kann, ausführlich erklären.

Im Bab Al Shams Desert Resort & Spa, 45 km südlich von Dubai in der Wüste, ☎ 04 809 61 00, www.themeydan.com, tägl. ab 19.30 Uhr. Man erreicht das Resort von Dubai aus in ca. 45 Autominuten.

Im Stadtteil Jumeirah von der Sheikh Zayed Road am Interchange 4 (in der Nähe des Emirates Golf Club) in die Al Khalil Road abbiegen, diese kreuzt die Emirates Ring Road am Dubai Autodrome und führt dann 37 km durch die Wüste. €€€€

Shahrzad ➡ C10

Deira Corniche, im Hyatt Regency Hotel, www.dubai.regency.hyatt.com, ☎ 04 317 22 22
Mo–Sa 19–1 Uhr
Die Einrichtung erinnert an einen orientalischen Märchenpalast, aber statt des Sultans und seiner Haremsdamen trifft man hier Gäste in europäischer Kleidung oder Dubai'in in Nationaltracht. Die nötige Ruhe nach dem opulenten persischen Mahl findet man in einem eigenen Raucherzimmer, in dem die landestypische Wasserpfeife gereicht wird. €€€€

Besucher-Magnet Gewürz-Souq

Dubai Mall
Vgl. S. 38.

Dubai Outlet Mall ➡ G8
Al Ain Rd. (E 66), ca. 15 km von Dubai entfernt
℡ 04 362 19 00
www.dubaioutletmall.com
Sa–Mi 10–22, Do–Fr 10–24 Uhr
Die einzige Outlet-Mall im Emirat mit ca. 240 Geschäften, viele Discount-Angebote.

Ibn Battuta Mall ➡ D4
Sheikh Zayed Rd., Interchange 6
℡ 04 362 19 00
www.ibnbattutamall.com
So–Mo 10–22, Do–Sa 10–24 Uhr
In Anlehnung an die Reisen des berühmten arabischen Forschers Ibn Battuta (1304–68) ist die Mall in sechs Abteilungen (Courts) eingeteilt, die die Namen der von ihm bereisten Länder tragen und in de-

nen es einfach alles gibt, was man benötigt bzw. auch nicht benötigt.

Mall of the Emirates
Vgl. S. 42.

The Boulevard ➡ D9
Sheikh Zayed Rd.
Zweistöckige Ladenpassage zwischen den beiden Türmen der Emirates Towers
℡ 04 319 87 32
www.jumeirah.com
Sa–Do 10–22, Fr 16–22 Uhr
Viele edle Geschäfte, Restaurants und Cafés.

Shopping Festival
Seit 1996 Jahren gibt es das Dubai Shopping Festival (DSF), das einen Monat lang dauert (Jan./Feb.) und in dessen Mittelpunkt tagein tagaus Einkaufen, Einkaufen und noch einmal Einkaufen steht.

Damit Besucher und Einheimische während dieser 30 Tage bei Laune bleiben, werden Hochhäuser und Palmen entlang den Straßen von bunten Lichterketten illuminiert, allabendlich Feuerwerke veranstaltet und viel Musik, Sport und Kultur geboten.

Märkte
Die Souqs – das arabische Wort für Märkte – sind das traditionsreiche

»Do buy!«: In sechs verschiedenen Themenbereiche unterteilt – die Ibn Battuta Mall

Der Preis muss ausgehandelt werden, auch im Gewürz-Souq

Handeln im Souq

Orientalische Basare, die auf der Arabischen Halbinsel Souq heißen, sind nicht nur wegen ihrer Atmosphäre ein beliebtes Einkaufsziel. Hier wird ein und dasselbe Warensortiment in Dutzenden kleiner Läden nebeneinander in oft gleicher Qualität und zu annähernd gleichen Preisen angeboten. Wer wo kauft, entscheiden bei Einheimischen der Wille Allahs oder traditionelle Bindungen, und immer muss beim Zustandekommen eines Geschäfts der Preis ausgehandelt werden.

Ausländischen Besuchern ist diese Spielregel nicht immer bekannt. Weil sie es aus ihren Heimatländern nicht anders kennen, bezahlen sie den Preis, den der Händler nennt. Aber im Souq ist die Voraussetzung für beiderseitige Zufriedenheit, dass sich Händler und Käufer einigen. Zahlt der Käufer einfach den Preis, den der Händler nennt, ärgert sich der Händler sofort, dass er nicht mehr gefordert hat, und der Käufer später, weil ihm einer der Nachbarhändler dasselbe Souvenir für einen wesentlich niedrigeren Preis anbietet. Feilschen gehört deshalb zur Souq-Kultur. Und nur ein ausgehandelter Preis wird von beiden Seiten als zufriedenstellend und »gerecht« eingestuft.

Das gilt natürlich auch im Gold-Souq ➡ aB3, in dem über 400 Geschäfte nebeneinander in drei relativ engen, überdachten Ladengassen mit funkelnden Auslagen locken. Hier sollte man zumindest den aktuellen Goldpreis, der sich täglich ändert, der aber weltweit gleich ist, und die Unterschiede zwischen 18-, 21- und 24-karätigem Gold kennen, damit man am Ende in Dubai nicht nur ein schönes Stück, sondern dies auch billiger als zu Hause erstanden hat. Goldschmuck ist in Dubai nur deshalb billiger, weil die Löhne für die Goldschmiede (meist indische Expatriates) niedriger sind.

Herzstück des hiesigen Einkaufserlebnisses. Insbesondere der Gold-Souq ➡ aB3 und der Gewürz-Souq ➡ aB/aC3 im Stadtteil Deira sind für Dubai-Besucher ein Muss. Darüber hinaus lohnt ein Besuch der Fisch- und Gemüsemärkte, z. B. des **Deira Fish Market** ➡ aA3, Al Khaleej Road im Stadtviertel Al Ras, zwischen Hyatt Regency Hotel und Shindagha-Tunnel, tägl. 6–13 und 16–23 Uhr. ■

Mit Kindern in Dubai

Dubai ist sehr kinderfreundlich. Das liegt weniger an vorausschauender Planung im Hinblick auf das Marktsegment »Familientourismus«, sondern an dem Bedürfnis der einheimischen Familien, ihre Kinder überallhin mitzunehmen. Deshalb verfügen z. B. die Strandhotels immer über eigene Anlagen für Kinder, bieten altersspezifische Kinderprogramme an und organisieren an Wochenenden sogar eigene Kinderbuffets.

In den städtischen Parkanlagen, auf deren Liegewiesen man sich sehr gut unter schattenspendenden Bäumen ausruhen kann, gibt es immer attraktive Spielgeräte. Im Creekside Park wurde eine **Children City** eingerichtet und am öffentlichen Strand im **Jumeirah Beach Park** (bis Ende 2016 wegen Renovierung geschl.) sorgt ein kleiner Kinderstrand mit eigenem Animateur, dessen Outfit und Ausrüstung der TV-Serie »Bay Watch« abgeschaut wurde, für Unterhaltung.

In den großen Shopping-Malls können Eltern ihren Nachwuchs in den »Kinderabteilungen« abgeben, wo ihnen allerdings ein eher passives Programm mit jeder Menge Filmen geboten wird.

Die Schwimmbäder in den großen Stadthotels verfügen meist über keinen Kinderbereich, lobenswerte Ausnahme darunter ist das Grand Hyatt Dubai, das einen eigenen Kinderclub mit engagiertem Personal besitzt.

Wasserspiele

Aquaventure Park ➡ B5
The Palm Jumeirah, Crescent Rd., im Hotel Atlantis, ℅ 04 426 10 00
www.atlantisthepalm.com
Tägl. 9–20 Uhr
Eintritt für Hotelgäste kostenlos, für Nicht-Hotelgäste: Erwachsene Dhs 250, Kinder unter 1,20 m Dhs 205
Das Hotel Atlantis bietet für Kinder, die schwimmen können, nicht nur einen sicheren Sandstrand, sondern gleich mehrere sportliche Unterhaltungsangebote: »Bubblemaker« heißt der spielerische Schnupper-Tauchkurs für Kinder von 8 bis 10 Jahren im Kinderbecken; ältere Kinder können im Seal-Team erste Unterwassererfahrungen im Meerwasser unter professioneller Anleitung sammeln. Zu den Highlights zählt ✿ **Lost Chamber**, der Versuch einer Rekonstruktion der

Muscheln sammeln am Arabischen Golf

Sindbad's Kids Club im Jumeirah Beach Hotel

untergegangenen Stadt Atlantis, die man trockenen Fußes in einem Dutzend themenzentrierter Kammern erleben kann. Zum Programm gehört, dass Kinder am Ende dabei sein dürfen, wenn die großen Fische gefüttert werden.

Dolphin Bay bietet mehrere Programme zum Schwimmen mit Delfinen für Kinder ab 10 Jahren in hüfthohem Wasser.

Aquaventure ist auch der Name eines eigenen großen Wasserparks mit Rutschen, Kanälen und vielen Wasserbecken.

Wild Wadi Water Park ➡ D6
Vgl. S. 44.
Der ältere der beiden großen Wasser-Themenparks in Dubai ist bei Familien mit Kindern uneingeschränkt beliebt.

Spielorte für Kinder

Magic Planet ➡ D10, E6
In den Shopping-Malls Deira City Centre und Mall of the Emirates (vgl. S. 63, 42)
℡ 04 295 43 33, ℡ 04 341 44 44
www.theplaymania.com
So–Mi 10–23, Do–Sa bis 24 Uhr
Große Spielflächen mit vielerlei Angeboten (z. B. Kletterwände, Computerspiele, Karussell, Kegelbahnen für Kinder etc.), freundliches Personal.

Sega Republic
Doha Rd., in der Dubai Mall
℡ 04 448 84 84
www.thedubaimall.com
Tägl. 10–24 Uhr
Simulationsspiele in großer Auswahl, begeistern Kids mit starken Nerven.

Hier essen Kinder mit Spaß

Camp Hyatt ➡ E10
Sheikh Rashid Rd., im Hotel Grand Hyatt Dubai
℡ 04 317 24 49
http://dubai.grand.hyatt.com
5–12 Jahre
Im The Kidz Club gibt es täglich betreute Aktivitäten und dazu ein schmackhaftes Mittagessen.

Sindbad's Kids Club ➡ D6
wird im Jumeirah Beach Hotel (Al Jumeirah Rd., www.jumeirah.com) und anderen Jumeirah Hotels angeboten, ℡ 04 348 00 00, tägl. 8–22 Uhr, Dhs 300 pro Tag Nomen est omen: Eine kindgerechte Version von Sindbads Schiff wird hier zum Abenteuerspielplatz mit Essgelegenheit. Die lieben Kleinen werden von qualifiziertem Personal betreut und finden in der Snackbar mit Sicherheit auch eins ihrer Lieblingsmenüs und -getränke (Kinder 2–12 J.). ∎

Erholung und Sport

Urlauber, für die zu einem Erholungsurlaub auch sportliche Betätigung gehört, sind in Dubai am richtigen Ort, denn das Emirat gilt unangefochten als »Sporting Capital of the Middle East«. Das monatlich erscheinende Veranstaltungsmagazin *What's on in Dubai*, das Besucher und Gäste detailliert über das laufende Veranstaltungsangebot in Sachen Entertainment & Sports informiert, nennt auf den Seiten »Sports, Health and Fitness« nahezu 100 verschiedene Sportarten, denen man in Dubai aktiv nachgehen kann, einschließlich der dazugehörenden Adressen. Sie reichen in alphabetischer Reihenfolge von Aerobic und Bowling über Dune-Buggying und Ice Skating bis Water Skiing und Wakeboarding.

Aber es ist nicht nur diese Vielzahl, die dem Emirat die sportliche Bedeutung verleiht, sondern auch die herausragende Qualität zahlreicher Sportstätten.

Sport passiv

Die großen Sportereignisse in Dubai müssen Rücksicht auf die klimatischen Verhältnisse nehmen. Deshalb finden sie fast ausnahmslos zwischen Mitte Oktober und Ende März statt. Zu diesen großen Sportveranstaltungen, an denen regelmäßig Spitzensportler aus aller Welt teilnehmen, zählen z. B.
– der **Dubai Marathon** und das **Dubai Show Jumping Festival,** ein Springreit-Turnier
– das Pferderennen **Dubai World Cup** (März)
– das Golfturnier **Dubai Desert Classic** (Feb.)
– die **Kamelrennen** am V. A. E.-Nationalfeiertag (2. Dez.) sowie Okt.–April regelmäßige Kamelrennen an jedem Do und Fr, jeweils morgens

– die **Dubai Duty Free Tennis Championship** (Feb.)
– die **Dubai International Rallye** (Dez.)
– die **Dhau-Regatten** (Okt.–April)
– die **Powerboat-Rennen** um den Emirates Grand Prix (Okt.)
– die **Segelregatta** von Dubai nach Muscat (März).
Der **Dubai Calendar** des DTCM gibt Auskunft über alle Veranstaltungen und deren Termine: www.dubaicalendar.ae/en

Sport aktiv

Unter den vielen Sportarten, die man während eines Aufenthalts in Dubai ausüben kann (vgl. *What's on in Dubai*), bietet sich – wegen der ausgezeichneten Bedingungen – zuallererst das Golfspielen an.

Golf

Mit Stolz bezeichnet sich Dubai als »The Gulf's Golfing Capital« und unter den Austragungsorten bedeutender Turniere der Golfprofis hat Dubai seit Beginn der 1990er Jahre einen festen Platz. Inzwischen gibt es sieben Golfplätze von Weltrang, und fast jedes Jahr eröffnet wieder ein neuer Golfclub.

Das höchst dotierte Galopprennen der Welt: der Dubai World Cup

Ein Dresscode gilt in allen Golfclubs. Hemden mit Kragen und Ärmeln (keine T-Shirts), lange Hosen oder Golfer-Shorts sind vorgeschrieben, Strandkleidung oder Jeans sind verboten. Erlaubt sind ausschließlich Golfschuhe. Aber alles kann man natürlich auch vor Ort ausleihen. Bei Herren wird ein Handicap von 26, bei Damen von 45 offiziell verlangt, aber es wird selten kontrolliert. Wichtig für Nicht-Golfer: In den Restaurants des Clubs haben auch Gäste Zutritt (www.dubaigolf.com).

Keine Fata Morgana: sattes Golfgrün mitten in der Wüste

Al Badia Golf Club ➡ E/F10

Al Rebat St., Dubai Festival City
Südl. des Hotel Intercontinental Festival City
☎ 04 601 01 01
www.albadiagolfclub.ae
So–Do Dhs 700, Fr/Sa Dhs 850 (inkl. Buggy)
18-Loch Par 72 Golfplatz
Der Golf Club der Luxushotels Intercontinental und Crowne Plaza in der neuen Dubai Festival City ist auch für Gäste zugänglich. Entworfen hat ihn der ehemalige US-Golfmeister Robert Trent Jones, Jr. Und er passt vorbildlich in die Landschaft. Einheimische Pflanzen und Bäume verleihen ihm die Atmosphäre eines Parks. Die Driving Range besitzt Flutlicht, das Clubhaus mit eigenem Spa ist schon allein einen Besuch wert (☎ 04 701 12 57).

Dubai Creek Golf & Yacht Club ➡ E10

Al Garhoud Rd., gegenüber der Deira City Centre Mall
☎ 04 295 60 00 (Reservierung)
www.dubaigolf.com
Tägl. 6.30–17.30 Uhr, Flutlicht auf der Driving Range (bis 22 Uhr)
18-Loch Par 71 Anlage, ab Dhs 600 (Sommer ab Dhs 300)
Auf dem Gelände der Clubanlage vergisst man schnell die geografische Breite, auf der man sich bewegt, schweift doch das Auge des Betrachters über ein grünes Meer aus sanft gewellten Rasenhügeln, das sich über eine Länge von 6,5 km ausbreitet. Kokos- und Dattelpalmen säumen sechs künstlich angelegte Seen, hin und wieder unterbricht ein Sandstreifen das Bermuda-Green, eine Rasensorte, wie sie in den USA auf Golfplätzen internationaler Meisterschaftsstandards bevorzugt verwendet wird. Der Platz ist ein Beispiel außergewöhnlicher Landschaftsarchitektur und zählt unter den Golf-Professionals zu den beliebtesten Anlagen der Welt. 1999 wurde hier zum ersten Mal das prestigeträchtige Dubai Desert Classic ausgetragen.

Emirates Golf Club ➡ D/E5

Sheikh Zayed Rd.
☎ 04 380 22 22
www.dubaigolf.com
Tägl. 6–17.30 Uhr, ab Dhs 600
Als erster Rasengolfplatz im Nahen Osten mit internationalem Championship-Standard wurde 1988 der Emirates Golf Club, entworfen von dem amerikanischen Golfplatzarchitekten Karl Litten, etwa 20 km außerhalb der City eröffnet. Auf diesem Platz wurde bis 1998 von der European Professional Golf Association (PGA) die Dubai Desert Classic ausgetragen. 1994 gelang es dem Südafri-

kaner Ernie Els bei einer solchen Gelegenheit mit 61 Schlägen den Platzrekord dieser Anlage aufzustellen.

Nicht erst seitdem ist das Clubhaus des Emirates Golf Club mit seiner einprägsamen Architektur in Form von Beduinenzelten in der internationalen Golfszene ein Wahrzeichen für höchste Ansprüche. Für die 5,6 km² üppigen Grüns werden über 2 Mio. Liter Wasser pro Tag benötigt, um mitten in der Wüste, an die nur noch der Sand der Bunker erinnert, ein tropisch anmutendes Paradies mit Palmen, Seen und sanften grünen Hügeln entstehen zu lassen. 2005 wurde auf dem Gelände neben dem Majlis Course die 18 Loch Anlage **Faldo Course** eröffnet.

Jebel Ali Resort Golf Course
➡ C1/2

50 km außerhalb Dubais, Jebel Ali Hotel Rd., ℂ 04 883 60 00
www.jaresortshotels.com
9-Loch Par 36 Golfplatz
Ab 300 Dhs für 2 Runden
Das Luxushotel vor den Toren der Stadt verfügt seit 1999 über einen Rasengolfplatz. Da es auf jeder der neun Spielbahnen vier unterschiedliche Abschläge gibt (jeweils zwei für Herren und zwei für Damen), kann man mit etwas Phantasie auch 18-Loch-Runden spielen und ist doch immer in der Nähe des Hotels.

Der Platz zeichnet sich durch einen vorbildlich gepflegten Rasen und einen zentralen (Salzwasser-) Teich aus, der einem bei fünf Greens zum Verhängnis werden kann. Beim Spielen hat man einen wunderschönen Blick auf die Gärten des Hotels und die sich dahinter erstreckende Golfküste.

Von dem nahe gelegenen Jebel-Ali-Industriegebiet spürt man überhaupt nichts; dazu tragen auch die vielen bunt gefiederten Reb- und Perlhühner und diverse Pfauen bei. Für Anfänger bietet Jebel Ali eine außergewöhnliche Driving Range mit Bunkern und ein Putting Green mit 27 Löchern.

The Address Montgomerie Dubai Golf Club ➡ D5
Meadows Drive, Emirates Hills, südlich der Dubai Marina
ℂ 04 390 56 00
www.themontgomerie.com
Kein geringerer als der Golfstar Colin Montgomerie hat diese spektakuläre 18-Loch-Anlage 2002 eröffnet. Unter den ausgefallenen Greens ist eines in der Form der Umrisse der V. A. E. angelegt. Eine weitere Attraktion: Man spielt hier mit Blick auf die Skyline der Sheikh Zayed Road. Zur Anlage gehören ein ansprechendes Clubhaus mit dem Terrassenrestaurant ✦ **Nineteen** und auch das kleine edle Hotel **The Address Montgomerie Dubai** (ℂ 04 423 88 00).

The Arabian Ranches Golf Club
➡ F/G6

Emirates Ring Rd., im Freizeitpark Dubailand, ℂ 04366 47 00
www.arabianranchesgolfdubai. com, tägl. 8–17.30 Uhr
18-Loch-Rasengolfplatz, Gebühr nach Pay and play-Zeiten, So–Mi ca. 555 Dhs
Der weit außerhalb liegende Golfplatz ist eine grüne Oase inmitten der Wüste und Teil der eleganten neuen Wohnanlage Arabian Ranches. Architekt ist Jan Baker-Finch, ein australischer Golfprofi, der Dutzende von Golfplätzen in der ganzen Welt angelegt hat. Der Desert Course wurde mehrfach ausgezeichnet.

The Els Club Dubai
Südlich der Dubai Sport City, Emirates Ring Rd.
ℂ 04 425 10 00
www.elsclubdubai.com
Neuester Golfclub vor den Toren der Stadt, Victory Heights, günstige Greenfee (So–Do 300 Dhs).

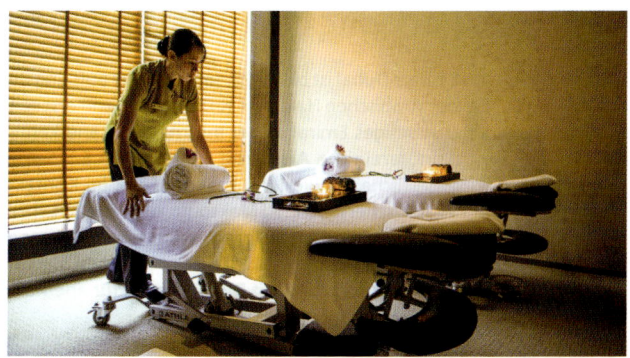

Jedes größere Hotel in Dubai besitzt seinen eigenen Wellnessbereich

Reservierung und Information:
in jedem Golf Club bzw. über Dubai Golf Central Reservation, ℂ 04 380 12 34, www.dubaigolf.com (für Emirates und Dubai Creek).

Andere Sportarten:

Auch wenn Golf unter den Sportarten für Europäer in Dubai die Nummer eins ist, so bieten doch die Wassertemperaturen und die Windverhältnisse am Golf ideale Voraussetzungen für diverse Wassersportarten. Die großen Strandhotels bieten in eigenen Clubs oder in Zusammenarbeit mit Tauch-, Surf- und Segelschulen Unterricht (Anfänger und Fortgeschrittene) und vermitteln den Verleih von Segelbooten und Surfbrettern.

Unter den ca. 100 Sportarten, denen Besucher in Dubai nachgehen können, gibt es besonders ausgefallene wie
– Bogenschießen im Hatta Fort Hotel (im Ort Hatta)
– Schlittschuhlaufen in der Hyatt Regency Galleria (ℂ 04 209 65 50) und im Al Nasr Leisure Land (ℂ 04 337 12 34) oder in der Dubai Mall (vgl. S. 38)
– Polo im Dubai Polo Club (ℂ 04 361 81 11)
– Gokart-Fahren in der Formula One Hall, Sheikh Zayed Rd., ℂ 04 338 88 28, tägl. 10–22 Uhr, 1 Std.

Dhs 200; oder unter freiem Himmel im EKC Jebel Ali am Jebel Ali Hotel, ℂ 04 28 27 111, Okt.–Mai tägl. 11–18 Uhr, 30 Min. Dhs 100
– Fliegen bei der Emirates Flying School im Dubai International Airport (ℂ 04 299 51 55)
– Skifahren in der Mall of the Emirates.

Wellness:

Jedes größere Hotel besitzt einen Wellnessbereich und je edler das Hotel, desto aufwendiger sind seine Spas. Drei Favoriten:

Talise Ottoman Spa ➡ C5
Crescent Rd. im Hotel Jumeirah Zabeel Seray, The Palm Jumeirah
ℂ 04 453 04 55
www.jumeirah.com
Luxuriöses preisgekröntes Spa.

✿ The One & Only Spa ➡ C5
Crescent Rd., im Hotel One & Only The Palm, www.tehoneandonly-resorts.com, ℂ 04 410 10 10
In der Parkanlage dieses Leading Hotel of the World steht ein eigenes Spa- und Wellnessgebäude in maurisch-andalusischem Stil.

The Spa at The Address ➡ D9
Mohammed Bin Rashid Blvd., im Hotel The Address, ℂ 04 438 80 25
www.theaddress.com
Top für Beauty und Fitness. ∎

Besiedlung am Dubai Creek um 1940

1852	Sheikh Saeed, der Bruder Obeids, festigt den Anspruch der Al Blofas auf Dubai. Nachfolger Saeeds wird sein Neffe, Sheikh Hashar Bin Maktoum (1859); er unterhält gute Kontakte zu Großbritannien.
1886	Sheikh Rashid Bin Maktoum, ein Bruder Hashars, regiert das Scheichtum, dessen Eigenständigkeit sich inzwischen mit dem Namen der Familie Maktoum verbindet.
1892	Mehrere Sheikhs der Trucial Coast verpflichten sich gegenüber Großbritannien, keine Niederlassungen anderer Staaten an der arabischen Golfküste zuzulassen.
1894	Maktoum Bin Hashar, ein Neffe von Sheikh Rashid, löst diesen nach dessen Tod ab. Unter seiner liberalen und weitsichtigen Führung erlebt Dubai seinen ersten wirtschaftlichen Aufschwung.
1902	Sunnitische Händler aus der iranischen Hafenstadt Lingah verlassen das schiitische Persien. Sie wandern ins gegenüber vom Arabischen Golf liegende Dubai aus und nennen die neuen Siedlungen nach ihrer iranischen Heimatregion Bastakiya, heute im Stadtteil Bur Dubai.
1906	Nach dem Tod von Sheikh Hashar übernimmt sein Cousin, Sheikh Buti Bin Suhail, für sechs Jahre die Führung. Al Madrasah Al Ahmadiya, die erste Schule in Dubai, wird eröffnet.
1912	Sheikh Saeed Bin Maktoum, Sohn von Sheikh Maktoum Bin Hashar und Großvater des heutigen Staatsoberhaupts von Dubai, wird Herrscher über etwa 8000 Einwohner zu beiden Seiten des Creek. Er ist der politische Gründer des Emirats und regiert bis 1958.
1930	Händlerfamilien aus Indien lassen sich mit Zustimmung der Al Maktoums in Dubai nieder. Die Stadt am Creek entwickelt sich dank des neuen Souq von Deira zum größten Handelsort am Golf.
1935	Da die Grenzverläufe auf der Arabischen Halbinsel ausschließlich auf mündlich überlieferten Ansprüchen basieren, befragen britische Diplomaten in den Oasen und Dörfern der späteren V. A. E. die Bewohner, welchen Sheikh sie und ihre Eltern in all den Jahren als ihr Oberhaupt anerkannten. In intensiven Diskursen werden verbindliche

Grenzziehungen gegenseitig akzeptiert. Diese Gebietsfestlegungen werden als Grundlage der bis heute friedlichen Beziehungen der Emirate untereinander und für ihr besonderes Verhältnis zu Großbritannien angesehen.

1937 Der Dubai Creek wird Start- und Landebahn für britische Wasserflugzeuge auf ihrem Weg nach Indien. 1939 zählt Dubai bereits 20 000 Einwohner.

1940 Während des Zweiten Weltkriegs verhängt Großbritannien gegenüber vom Iran, der Nazi-Deutschland nahesteht, ein Embargo, von dem auch der Nahrungsmittelhandel betroffen ist. Sheikh Rashid, der Sohn des Herrschers, der die Durchführung überwacht, arrangiert sich mit den einheimischen Händlern: Die von England kontrollierte Einfuhr wird über Lebensmittelkarten an die Dubai'in verteilt, die somit ausreichend Grundnahrungsmittel zu niedrigen Festpreisen erhalten. Den Händlern überlässt er stillschweigend verbleibende Überschüsse, die sie »ohne seine Kenntnis« in den Iran schmuggeln.

1945 Nach dem Zweiten Weltkrieg gründen Saudi-Arabien, Jemen und Ägypten die Arabische Liga. Großbritannien unterstützt weiter die Infrastruktur am Arabischen Golf. Die Trucial States übernehmen Teile des britischen Rechtssystems.

1958 Sheikh Saeed Bin Maktoum stirbt nach 46 Jahren Regentschaft. Sein Sohn Rashid Bin Saeed Al Maktoum wird Oberhaupt des Emirats, das nun 30 000 Einwohner zählt. Er regiert bis 1990 und legt in enger Bindung an Großbritannien die ökonomischen, politischen und infrastrukturellen Grundlagen für die Entwicklung Dubais.

1966 Nach erfolgreichen Offshorebohrungen beginnt für Dubai die Erdölzeit. Sheikh Rashid gibt dem der Küste vorgelagerten Feld den Namen »Fateh« (großes Glück). 1969 verlässt der erste Tanker mit 180 000 Tonnen Erdöl das Emirat.

1968 Großbritannien beginnt mit dem Rückzug aus allen Besitzungen »östlich von Suez«, d. h. auch aus der Golfregion, der 1971 abgeschlossen sein soll.

Sheikh Rashid Bin Saeed Al Maktoum, der »Vater« des modernen Dubai

1970 Südwestlich des Fateh-Felds wird ein zweites Offshore-Erdölfeld entdeckt, dessen Öl seit 1972 exportiert wird.

1971 Sheikh Zayed von Abu Dhabi und Sheikh Rashid von Dubai ergreifen die diplomatische Initiative, Bahrain, Qatar und die sieben Scheichtümer der Trucial States zu einer unabhängigen Föderation zu vereinen. Bahrain, das dank seiner frühen Ölfunde am weitesten entwickelte Emirat, lehnt ab, ebenso Qatar; beide erklären im Sommer 1971 ihre Unabhängigkeit.

Am 2. Dezember schließen sich sechs der Scheichtümer unter Führung von Abu Dhabi zur Föderation der Vereinigten Arabischen Emirate (Al Imarat al Arabiya al Mutahida, United Arab Emirates) zusammen; im Februar 1972 tritt Ras al Khaimah, das siebte Emirat, dem neuen Staat bei.

Das heutige Wahrzeichen von Dubai: Das Hotel Burj Al Arab wird nachts von wechselnden Farben angestrahlt

1973 Die Verfassungsorgane nehmen ihre Arbeit auf. Hauptstadt und Regierungssitz der V. A. E. wird Abu Dhabi, das erdölreichste und flächenmäßig größte Emirat, das den Aufbau und die Verwaltung des Staatenbunds finanziert.

1980 Dubais zweiter großer Hafen in Jebel Ali und die Freihandelszone gleichen Namens werden eröffnet.

1981 Die sechs arabischen Anrainerstaaten am Golf – Saudi Arabien, Bahrain, Qatar, Oman, Kuwait und die V. A. E. – schließen sich während des Ersten Golfkriegs zwischen Iran und Irak zum Golfkooperationsrat (Gulf Cooperation Council, GCC) zusammen, um ihre Außen- und Militärpolitik zu koordinieren.

1990 Sheikh Rashid stirbt. Der älteste seiner vier Söhne, Maktoum Bin Rashid Al Maktoum, wird neues Staatsoberhaupt. Sein Bruder, Sheikh Mohammed Bin Rashid Al Maktoum, wird von der Familie zum Thronfolger bestimmt. Mit dem Überfall Iraks auf Kuwait beginnt der Zweite Golfkrieg.

1991 Ein Militärbündnis aus 36 Staaten, darunter auch die V. A. E., vertreiben die irakischen Truppen im Einvernehmen mit den UN aus Kuwait.

1995 Im Stadtteil Bur Dubai wird im ehemaligen Al Fahidi Fort das Dubai Museum eröffnet.

1996 Zum ersten Mal finden in Dubai das Shopping Festival und der Dubai World Cup, das teuerste Pferderennen der Welt, statt.

1999 Burj Al Arab, mit 321 Metern das damals höchste Hotel der Welt, eröffnet am Jumeirah Beach. Dubai beteiligt sich innerhalb des Truppenkontingents der V. A. E. an den UN-Friedenstruppen im Kosovo.

2000 Dubai Millennium, das Pferd von Sheikh Mohammed Bin Rashid Al Maktoum gewinnt den Dubai World Cup.

Deutschland verkauft für ca. eine Mrd. DM Rüstungsgüter (u.a. 70 Panzer) an die V.A.E.

2001 Zum Dubai Shopping Festival kommen zum ersten Mal mehr als zwei Millionen Besucher. Am 11. September zerstören islamistische Terroristen das World Trade Center in New York. Da Bin Laden und seine Terrororganisation Al Qaida von Afghanistan aus operieren und von den dort regierenden Taliban unterstützt werden, wird Afghanistan mit Zustimmung der UN von einem Militärbündnis unter Führung der USA erfolgreich angegriffen.

Israel verstärkt seine völkerrechtswidrige Besiedlung der Westbank. Die V.A.E. verweigern deshalb Israelis und Passinhabern mit israelischen Stempeln die Einreise.

2002 Die USA und Großbritannien führen Krieg gegen den Irak (Dritter Golfkrieg), angeblich weil Saddam Hussein Massenvernichtungswaffen besäße. Die UN und viele Staaten, darunter Deutschland, Frankreich und Russland, verweigern ihre Unterstützung.

2003 Die Neuordnung des Iraks wird nach dem militärischen Sieg der USA und ihrer Verbündeten in zunehmendem Maße durch Terrorakte erschwert. Weltbank und Internationaler Währungsfonds tagen in Dubai.

2004 Die Landgewinnungsarbeiten für The Palm Jumeirah, das erste von drei Palm-Projekten, sind abgeschlossen. Ausländer können ab sofort im Emirat Immobilien erwerben. Bereits 1800 Firmen unterhalten Niederlassungen in der Jebel-Ali-Freihandelszone.

2005 Die Bundeswehr bildet irakische Soldaten und Polizisten in den V.A.E. aus.

2006 Nach dem Tod von Sheikh Maktoum wird sein jüngerer Bruder Sheikh Mohammed Bin Rashid Al Maktoum Staatsoberhaupt von Dubai und stellvertretender Regierungschef der V.A.E.

2007 Auf The Palm Jumeirah ziehen die ersten Bewohner ein; die Landgewinnungsarbeiten für The Palm Jebel Ali und The World sind abgeschlossen.

2009 Während der Finanzkrise werden mehrere Bauvorhaben (darunter auch The Palm Jebel Ali, The World und The Palm Deira) nicht weiter verfolgt. Die erste Metrolinie (Red Line) wird eröffnet.

2010 Der 828 Meter hohe Burj Khalifa ist das höchste Gebäude der Welt. Bundeskanzlerin Merkel besucht die V.A.E.

2011 Die zweite Metrolinie (Green Line) wird eröffnet.

2012 Zum sechsten Mal gewinnt ein Pferd des Herrschers den Dubai World Cup. – Baubeginn des Opernhauses.

2013 Im November erhält Dubai den Zuschlag für die Ausrichtung der Expo 2020.

2014 Ende des Jahres nimmt die Dubai Tram den Betrieb auf. Im Juli eröffnet die zwei Kilometer lange Strandpromenade Jumeirah Corniche Walk.

2015 VAE-Staatsbürger benötigen kein Visum mehr zur Einreise in die EU.

2016 Der Dubai Water Canal zwischen Business Bay und Golf wird fertiggestellt. ◼

Dubai in Zahlen und Fakten

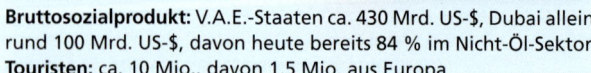

Größe: 3885 km²
Bevölkerung: ca. 2,5 Mio., davon ca. 250 000 Dubai'in
Bruttosozialprodukt: V.A.E.-Staaten ca. 430 Mrd. US-$, Dubai allein rund 100 Mrd. US-$, davon heute bereits 84 % im Nicht-Öl-Sektor
Touristen: ca. 10 Mio., davon 1,5 Mio. aus Europa
Flughafen: 50 Mio. Passagiere, 77 Direktflüge pro Woche aus Deutschland
Deutsche in Dubai: ca. 300 000 Touristen, ca. 5200 Arbeitskräfte, ca. 400 Firmen, ca. 600 Haus- und Wohnungsbesitzer
Importe aus Deutschland: im Wert von ca. 3 Mrd. US-$
(Alle Angaben aus dem Jahr 2014)

Alkohol, Drogen

In Dubai gilt ein eingeschränktes Alkoholverbot. Nur in Hotels, Clubs, Restaurants und Bars wird Alkohol ausgeschenkt, außerhalb dieser Bereiche darf er öffentlich weder verkauft noch konsumiert werden.

Im Ras Al Khor Wildlife Sanctuary haben Hunderte von Flamingos eine neue Heimat gefunden

Der Konsum oder Verkauf anderer Drogen wird im Emirat Dubai wie in der gesamten Region mit schweren Strafen belegt.

Anreise, Einreise

Dubai ist ca. 5000 km Luftlinie oder ca. sechs Flugstunden von Deutschland entfernt. Der Flughafen des Emirats, Dubai International Airport ➡ D–F10/11, liegt direkt am Rande der Innenstadt. Er gehört zu den sichersten und am häufigsten angeflogenen Flughäfen der Arabischen Halbinsel. In ca. 15 Minuten erreicht man von dort die Hotels in den Stadtteilen Deira und Bur Dubai; zu den großen Strandhotels am Jumeirah Beach benötigt man ca. 25 Minuten

Dubai wird aus Deutschland von **Emirates Airlines**, der Fluglinie des Emirats Dubai, mehr als 70-mal in der Woche direkt angeflogen: aus Frankfurt dreimal, aus München, Düsseldorf und Hamburg zweimal täglich, des weiteren aus Zürich (zweimal tägl.) und Wien (zweimal tägl. außer Di).

Emirates Airlines ist sehr kundenfreundlich (große Beinfreiheit, viele TV-Programme zur persönlichen Auswahl, Businessclass-Passagiere werden von zu Hause abgeholt) und wurde ebenso wie der Flughafen in Dubai mehrfach ausgezeichnet (Grünenburgweg 16, 60322 Frankfurt, ✆ 069-95 96 88 20, www.emirates.com). Auch Lufthansa fliegt Dubai direkt an.

Nimmt man einen Zwischenstopp im Nachbaremirat Abu Dhabi in Kauf, bieten sich aus Deutschland auch Flüge nach Dubai mit **Etihad Airways**, der Fluggesellschaft Abu Dhabis an. Sie fliegt täglich in die V. A. E., zweimal von Frankfurt und einmal von München.

Von Abu Dhabi wird man sofort per Bus (Economyclass) oder per Limousine (Businessclass) ins Nachbaremirat Dubai gebracht. (Palais am Jakobsplatz, Oberanger Str. 34–36, 80331 München, ✆ 089-44 23 88 88, www.etihad. com).

Abu Dhabi ca. 4 Minuten später, in Fujairah ca. 6 Minuten früher.

Der Besuch von Moscheen ist in Dubai Nicht-Moslems nicht gestattet. Einzige Ausnahme sind die kostenlosen Führungen durch die schöne Jumeirah Mosque in Dubai und die Sheikh Zayed Mosque in Abu Dhabi.

Christliche Kirchen können in Dubai – im Gegensatz zu anderen Ländern der Arabischen Halbinsel – öffentlich agieren. Die römisch-katholische Gemeinde **St. Mary's** in der Nähe des Rashid Hospital (℡ 04 337 00 87) und die anglikanische **Holy Trinity Church** (℡ 04 337 02 47), beide an der Oud Metha Road ➡ D10, bieten Gottesdienste an. Ein Tempel für gläubige Hindus befindet sich direkt am Creek in der Nähe des Bur Dubai Souq.

Sicherheit

Diebstahl, Betrug, Gewalttätigkeit oder Raub sind in Dubai und in den anderen Emiraten sehr selten. Aggressiv bettelnde Kinder fehlen ebenso. Wenn man trotzdem in Schwierigkeiten kommt: **Tourist Security Department**, ℡ 04 297 55 54, gebührenfrei 0800 48 88 oder die Polizei ℡ 999.

Sightseeing, Touren

Dubais Reiseveranstalter bieten eine breite Palette von Touren an: Ob klassische Stadtrundfahrt, Wüstentour, Sightseeing per Helikopter, Dhau-Cruise, Shoppingtour oder Vogelbeobachtung – langweilig wird es Dubaireisenden nie. Meist sind Buchungen direkt beim Veranstalter günstiger als über das Hotel.

Big Bus
℡ 04 38 99 16 00
www.bigbustours.com

Tägl. 9–20 Uhr, jede halbe Std. Dhs 240, Kinder Dhs 100 (24 Std.) Stadtrundfahrten mit einem doppelstöckigen Bus zu allen wichtigen Sehenswürdigkeiten und vielen Shopping-Malls. Aus- und Zusteigen ist an allen Haltestellen möglich, darunter Dubai Mall, Mall of the Emirates, Gold-Souq und Abra-Station.

Seawings ➡ C1
Im Hotel Jebel Ali Golf Resort & Spa
℡ 04 883 29 99, www.seawings.ae
40-Minuten-Rundflug mit einem kleinen Wasserflugzeug entlang der Küste und über der Stadt. Ideale Möglichkeiten zum Fotografieren. Preis: ca. Dhs 1300.

Arabian Adventures ➡ D9
Emirates Holiday Building, Sheikh Zayed Rd.
℡ 04 214 48 88
www.arabian-adventures.com
Erfahren und renommiert, Unternehmen von Emirates Airlines.

Lama Tours
℡ 04 889 00 00
www.lamadubai.com
Preisgekrönter Veranstalter mit breitem Angebot.

Orient Tours
℡ 04 282 82 38
www.orient-tours-uae.com
Zuverlässiges Unternehmen mit mehrsprachigen Reiseleitern. Sehr empfehlenswert!

Travco Travel Dubai
℡ 04 336 66 43
www.travcotravel.ae
Touren wie »Mystical Dubai« und »Dubai Compact« im Angebot.

Sprachhilfen

Die Amtssprache in Dubai ist Arabisch, im Geschäftsleben und im Tourismusbereich wird überall Englisch gesprochen und verstanden. In den großen Hotels sprechen oft einzelne Mitarbeiter auch deutsch.

Höflichkeits- und Begrüßungsformeln:

Gebräuchlichste Grußformel: *As Salam Aleykum* – Friede sei mit Euch; Antwort: *Wa Aleykum as Salam* – Auch mit Euch sei Friede

Ahlan wa Sahlan – Herzlich willkommen; Antwort des Gasts: *Ahlan bekum*

Marhaba – Guten Tag/Hallo

Sabah el Khair – Guten Morgen; Antwort: *Sabah el Noor*

Masah el Khair – Guten Abend; Antwort: *Masah el Noor*

Tishah'alah Khair – Gute Nacht

Kaifa (männl. Form)/Kaif (weibl. Form)

halek? – Wie geht es Ihnen; Antwort: *Zain* – gut

Ma'assalama – Auf Wiedersehen (als Grußformel dessen, der geht); Antwort: *Fi'aman allah* (als Grußformel dessen, der bleibt)

Al hamdu Lillah – Dank sei Gott

In sha'Allah – So Gott will

Shukran – Danke; Antwort: *Afwan* – Bitte

Min Fadhlak (männl. Form)/*Fadhlik* (weibl. Form) – Bitte

Badak anta oder Taffaddal – nach Ihnen

Muti Assif oder Udran – Tut mir leid/Entschuldigung; Antwort: *Maalish* – Macht nichts

Bismillah – Im Namen Gottes, wird zu Beginn der Mahlzeit ausgesprochen

Alhamdulillah – Dank sei Gott/Gelobt sei Gott, wird am Ende der Mahlzeit ausgesprochen.

Strom

Die Stromspannung beträgt 220/240 Volt bei 50 Hertz; manchmal gibt es dreipolige (britische) Steckdosen, für die ein Adapter erforderlich ist, den man ggf. im Hotel ausleihen kann.

Die Sheikh Zayed Mosque in Abu Dhabi

Telefonieren

Das Telefonnetz, sowohl innerhalb der V. A. E. als auch ins Ausland, entspricht modernstem Standard. An öffentlichen Fernsprechern benötigt man für In- und Auslandsgespräche Telefonkarten (ab Dhs 20), die man an Kiosken und in Supermärkten erhält.

Die Verbindungen innerhalb der Emirate und ins Ausland sind sehr gut und sehr günstig. Inland eine Minute 30 Fils (Fr nur 20 Fils); eine Minute nach Europa Dhs 3.

Tri-Band-Handys deutscher Anbieter funktionieren über die örtlichen Anbieter Etisalat und du.

Auslandsvorwahlen:
nach Deutschland ✆ + 49
nach Österreich ✆ + 43
in die Schweiz ✆ + 41
in die V. A. E. ✆ + 971
nach Dubai ✆ + 971 4

Ortsvorwahlen der Emirate innerhalb der V. A. E.:
Nach Dubai ✆ 04, nach Abu Dhabi ✆ 02, nach Al Ain ✆ 03, nach Ajman, Sharjah und Umm Al Qaiwan ✆ 06, nach Ras Al Khaimah

© 07, nach Khor-Fakkan und Fujairah © 09.

Trinkgeld

Wie weltweit im Hotel- und Gaststättengewerbe wird auch in Dubai das Trinkgeld des Servicepersonals bei dessen Gehalt miteinkalkuliert, die zehn Prozent Servicezuschlag hingegen, die auf allen Rechnungen extra ausgewiesen sind, werden nicht immer an das Personal weitergereicht. Deshalb sollten Sie guten Service honorieren, für das Zimmerpersonal im Hotel sind Dhs 15 pro Übernachtung angemessen.

Trinkwasser

Das Leitungswasser kann aufgrund der hervorragenden Meerwasserentsalzungsanlagen bedenkenlos getrunken werden. Wegen der großen Hitze sollte man mindestens drei Liter Flüssigkeit pro Tag zu sich nehmen.

Verkehrsmittel

Verantwortlich für alle Verkehrsmittel in Dubai ist die **Road and Transport Authority** (RTA), © 04 86 16 16, 24-Std.-Hotline, www.rta.ae.

Öffentliche Busse
Dubai verfügt über ein ausgezeichnetes öffentliches Busnetz. Es umfasst 30 Linien, die täglich – mit Ausnahme der freitäglichen Mittagsgebetszeit – 5–24 Uhr verkehren. Busse und die meisten Wartehäuschen an den innerstädtischen Haltestellen sind klimatisiert. Größte Umsteigebahnhöfe sind die zentral gelegene Gold-Souq-Bus-Station (Al Khor St.) in Deira und die Al-Ghubaiba-Bus-Station (zwischen Al Rifa St. und Al Ghubaiba Rd.) in Bur Dubai. Öffentliche Bus-

linien fahren nach Hatta, Al Ain, Sharjah und Abu Dhabi.

Taxi
Mit ca. 7000 zugelassenen Fahrzeugen sind Taxis für Touristen das eigentliche öffentliche Transportmittel in Dubai. Der größte Zusammenschluss ist die Dubai Transport Corporation (www.dubaitaxi.ae), deren cremefarbene Autos alle einen Taxameter haben und die über geschultes Personal verfügen.

Der Preis pro km beträgt Dhs 1,80, die Grundgebühr für jede Fahrt Dhs 3 (22–6 Uhr Dhs 3,50, für Fahrten ab Flughafen Dhs 25). Für Fahrten innerhalb Dubais gibt es einen Mindestpreis von Dhs 10. Zentraler Taxiruf: © 04 208 08 08. Falls Sie etwas im Taxi vergessen haben: © 04 264 00 00.

Metro
Seit 2009 fährt in Dubai eine vollautomatische Metro. Die erste der beiden Linien (Red Line) verkehrt zwischen den Stationen Rashidiya in der Nähe des Flughafens, fährt dann entlang der Sheikh Zayed Road zur Mall of the Emirates und weiter Richtung Jebel Ali. Noch hält sie nicht an allen der vorgesehenen 29 Stationen.

2011 wurde die zweite Linie (Green Line) angeschlossen. Um mit der Metro zu fahren, erwirbt man am Automaten eine Nol Card für Dhs 20, darin enthalten sind Dhs 6 für die wieder aufladbare Karte. Der Fahrpreis richtet sich nach Streckenabschnitten und beträgt max. Dhs 6,5 für eine Fahrt. Man kann auch eine einfache Streckenabschnittskarte am Automaten ziehen.

Außerdem gibt es für Dhs 16 ein Tagesticket, mit dem man Metros und Busse unbegrenzt benutzen kann. Informationen: www.nol.ae.

Die Metro fährt Sa–Mi 6–24, Do 6–1, Fr 13–1 Uhr im Zehn-Minuten-Takt. Schweres Gepäck ist nicht zugelassen.

Wassertaxi (Abra)

Highlight des öffentlichen Personennahverkehrs in Dubai ist seit dem 19. Jh. das Wassertaxi, die Abra, eine offene Flussfähre zur Creek-Überquerung.

Heute von Dieselmotoren angetrieben und für ca. 20 Passagiere ausgelegt, verkehren die Wassertaxis auf festen Routen zwischen zwei festgelegten Abra-Stationen: Von der Bur Dubai Abra-Station zur Deira Old Souq Abra-Station und von der Dubai Old Souq-Station auf der Bur-Dubai-Seite zur Al Sabkha Abra-Station auf der Deira-Seite an der Baniyas Rd., in Höhe des Parkhauses. Eine Überfahrt kostet Dh 1.

Man kann auch eine Abra für sich allein anmieten und den Creek nach Belieben auf und ab fahren. Der Preis pro Stunde beträgt ca. Dhs 100. Darüber hinaus gibt es einen klimatisierten RTA-Water-Bus, der den Creek 45 Minuten lang hinauf- und hinunterfährt (✆ 04 396 31 35).

Leihwagen

Dubai ist eine autogerechte«Stadt mit mehrspurigen Straßen und Stadtautobahnen, es herrscht **Rechtsverkehr.** Parken ist nur in der Mittagszeit relativ billig, Benzin kostet pro Liter ca. Dh 1. Für Mietwagen benötigt man in Dubai nur den nationalen Führerschein (in den anderen Emiraten der V.A.E. den internationalen). Der Fahrer muss mindestens 21 Jahre alt sein. Ab Dhs 150 pro Tag kann man einen Mittelklassewagen ausleihen, für einen wüstentauglichen Geländewagen muss man mit mindestens Dhs 400 pro Tag rechnen. Alle großen internationalen Autoverleiher sind an Dubais Flughafen vertreten.

Es empfiehlt sich, den Leihwagen mit allen Zusatzwünschen

Mit dem Wassertaxi – der Abra – von Bur Dubai nach Deira

von Deutschland über einen Anbieter zu reservieren. Preiswert und zuverlässig ist z.B. **Auto Europe Deutschland** (Landsberger Str. 155, 80687 München, ✆ 089 244 47 35 00, Reservierung 800 5600 333, www.autoeurope.de. Das Unternehmen arbeitet in Dubai mit den preiswertesten und zuverlässigen internationalen und örtlichen Verleihern zusammen. Sehr geeignet ist ein Leihwagen für Fahrten außerhalb der Innenstadt und in die anderen Emirate.

Zeitzone

Der Zeitunterschied zur MEZ beträgt plus drei Stunden (während der deutschen Sommerzeit plus zwei Stunden).

Zoll

Bei der Ausreise gibt es keinerlei Beschränkungen für im Emirat erstandene Waren. Allerdings gelten bei der Rückkehr die Einfuhrbestimmungen der EU und der Schweiz. ◾

Ägypten

Andalusien

Apulien
Basilikata und Kalabrien

Barcelona

Berlin

Bodensee

Deutschland
Ausgewählte Ferienregionen

Gran Canaria

Hamburg

Irland
Nordirland

Korsika

Kroatien
Küste und Inseln

London

Madeira · Azoren

Mallorca

München

GO VISTA CITY & INFO GUIDES

Reiseführer mit ausfaltbarer Karte
Über 100 Titel lieferbar

VISTA POINT Verlag GmbH · Birkenstr. 10 · 14469 Potsdam

© VISTA POINT Verlag GmbH, Birkenstr. 10, D-14469 Potsdam
3. Auflage 2016
Alle Rechte vorbehalten
Reihenkonzeption: Andreas Schulz & VISTA POINT-Team
Bildredaktion: Andrea Herfurth-Schindler
Lektorat: Kristina Linke, Katrin Tams, Petra Sparrer
Layout und Herstellung: Kerstin Hülsebusch-Pfau, Sandra Penno-Vesper
Kartographie: Kartographie Huber, München
Druckerei: Colorprint Offset, Unit 1808, 18/F., 8 Commercial Tower, 8 Sun Yip Street, Chai Wan, Hong Kong
VP6XVI

ISBN 978-3-95733-700-9

An unsere Leser!
Die Informationen dieses Buches wurden gewissenhaft recherchiert und von der Verlagsredaktion sorgfältig überprüft. Nichtsdestoweniger sind inhaltliche Fehler nicht immer zu vermeiden. Für Ihre Korrekturen und Ergänzungsvorschläge sind wir daher dankbar.

VISTA POINT Verlag
Birkenstr. 10 · 14469 Potsdam
Telefon: +49 (0)3 31/817 36-400 · Fax: +49 (0)3 31/817 36-444
info@vistapoint.de · www.vistapoint.de · www.facebook.de/vistapoint.de